Thomas Lohrer

Aus die Laus

160 Krankheiten und Schädlinge im Nutzgarten erkennen und bekämpfen

Ulmer

Das steckt in diesem Buch

So finden Sie sich in diesem Buch zurecht

In diesem Buch finden Sie zunächst die Krankheiten und Schädlinge an Obst, dann an Gemüse. Dabei werden Ihnen jeweils zuerst Übeltäter vorgestellt, die besonders häufig und an verschiedenen Obst- bzw. Gemüsepflanzen auftreten können. Anschließend sind zu jeder Pflanze, nach dem deutschen Namen alphabetisch sortiert, die wichtigsten Quälgeister in Wort und Bild festgehalten. Bei jedem Schaderreger ist auch der wissenschaftliche Name genannt. Dieser hilft Ihnen etwa bei weiteren Recherchen im Internet.

So ist jedes Porträt aufgebaut:

- Im **Steckbrief** finden Sie in geraffter Form die wichtigsten Informationen zur Biologie, dem Lebenszyklus und zum Aussehen.
- Unter **Symptome und Schadbild** sind die an der Pflanze sichtbaren Merkmale aufgeführt.
- Die unter **Vorbeugen und bekämpfen** genannten Maßnahmen verstehen sich als Auflistung möglicher Schritte ohne eine Wertung oder Gewichtung.
- In **Auf einen Blick** sind die wichtigsten Fakten kurz für eine schnelle Durchsicht zusammengefasst.
- Zusätzliche Hinweise zum Schaderreger finden Sie unter **Nicht verwechseln**, **Kommt auch vor an** und **Ganz nah dran**.
- **Aussagekräftige Fotos** vermitteln Ihnen einen Eindruck von Schaderreger und Schadbild und erleichtern Ihnen die Diagnose.

20

104

Den Übeltätern auf der Spur

Geht es Ihnen gut oder kränkeln Sie? Bei näherer Betrachtung dieser Frage wird schnell klar, dass die Grenze zwischen gesund und krank fließend ist und auch von jedem individuell unterschiedlich wahrgenommen wird. Und dies gilt im übertragenen Sinne auch für Pflanzen. Drei Bedingungen, die gleichzeitig auftreten müssen, führen dazu, dass es zu einer Erkrankung kommt. Diese sind: eine geeignete Wirtspflanze, der passende Schaderreger und bestimmte Umweltbedingungen. Ist eine dieser Bedingungen nicht vorhanden, wird auch kein „Arzt" benötigt, denn es kommt zu keiner Erkrankung. Dazu als Beispiel die bekannte Kraut- und Braunfäule der Tomate: Es müssen die Tomate (Wirtspflanze), der Pilz ***Phytophthora infestans*** (Schaderreger) sowie eine bestimmte Temperatur und feuchtes Blattwerk (Umweltbedingungen) vorhanden sein, damit der Pilz die Blätter infizieren kann. Wird ein Faktor nicht erfüllt, kommt es zu keiner Erkrankung. Aus der Biologie des Pilzes ist beispielsweise bekannt, dass die Sporen über infizierte Kartoffelpflanzen mit dem Wind auf die Tomate übertragen werden – ein gemeinsamer Anbau von Tomaten und Kartoffeln im Garten reduziert das Risiko einer Infektion somit erheblich. Ist dieser Schaderreger-Faktor nicht zu beeinflussen, kann eventuell am Faktor Umweltbedingungen etwas geändert werden. So lässt sich die vom Pilz für die Infektion benötigte Feuchtigkeit auf den Blättern recht einfach verhindern, wenn man die Tomaten im Freiland unter einem Pultdach anbaut. Ergebnis: Die Tomate ist vorhanden, der Pilz ebenso, aber er kann die Pflanze mangels passender Umweltbedingungen nicht infizieren – die Tomate bleibt gesund.

Aufgrund der geschilderten Zusammenhänge wird schnell klar, dass Sie bei näherer Kenntnis dieser drei Faktoren eine Erkrankung leicht verhindern bzw. rasch eine Bekämpfungsstrategie entwickeln können. Besonders wichtig sind Kenntnisse über die Biologie der Schaderreger (Überwinterungsort, Infektionsbedingungen, Anzahl der Generationen pro Jahr) sowie deren sichere Diagnose. Denn wenn Sie nicht wissen, welcher Schaderreger am Werk ist, können Sie auch keine wirkungsvollen Maßnahmen ergreifen. In diesem handlichen Taschenbuch finden Sie viele Hinweise auf die richtige Diagnose des Schaderregers.

Leitbild: integrierter Pflanzenschutz

Seit 1986 ist der integrierte Pflanzenschutz im deutschen Pflanzenschutzgesetz fest verankert. Er ist „... eine Kombination von Verfahren, bei denen unter vorrangiger Berücksichtigung biologischer, biotechnischer, pflanzenzüchterischer sowie anbau- und kulturtechnischer Maßnahmen die Anwendung chemischer Pflanzenschutzmittel auf das notwendige Maß beschränkt wird." Mit diesen Maßnahmen können Sie auch im Hobbygarten den am Obst und Gemüse auftretenden Schaderregern wirkungsvoll begegnen.

Nützlinge im Einsatz

Zahlreiche Nützlinge treten im Garten meist unbemerkt auf und helfen dem Hobbygärtner bei der Schädlingsbekämpfung. Die bekannten Marienkäfer und ihre Larven sind besonders eifrige Blattlausräuber. Auch die Larven der Florfliegen, die als ausgewachsene Insekten filigrane netzartige Flügel besitzen, saugen mit ihren hervorstehenden Zangen (Schad-)Insekten und Milben aus. Die Larven der Schwebfliegen sind wichtige Blattlausvertilger und sitzen oft mitten in den Blattlauskolonien. Da sie kleinen Nacktschnecken ähneln, werden sie gern übersehen. Die meist nachtaktiven Laufkäfer sind stattliche Käfer, die sich ebenso wie deren Larven räuberisch von anderen Insekten und Schnecken ernähren. Schlupfwespen und Raubmilben sind wegen ihrer geringen Größe eher unbekannte Nützlinge. Aber auch sie helfen Ihnen im Garten, da sie beispielsweise die Eier von schädlichen Raupen parasitieren oder Spinnmilben aussaugen. Zu den bekannten „größeren" Nützlingen zählen Igel, Vögel und Fledermäuse.

Da Nützlinge wichtige Helfer im Garten sind, sollten Sie diese stets durch geeignete Maßnahmen schonen und fördern:

- Unterschlupfmöglichkeiten wie Laubschichten unter Sträuchern oder auch gezielt angelegte Totholz- oder Steinhaufen sind für viele Nützlinge wichtig.
- Die Aussaat von Wildblumenmischungen, von Dolden- und Korbblütlern bei einem möglichst ganzjährigen Nektarangebot fördert die Anwesenheit der erwachsenen Schwebfliegen, Florfliegen und Schlupfwespen.
- Einige Nützlinge können Sie auch gezielt fördern, wie beispielsweise Vögel (Vogelkästen, Vogeltränke, Sitzkrücke für Greifvögel), Florfliegen (rote Florfliegenkästen), Fledermäuse (Fledermauskästen), Ohrwurm (Ton-Blumentöpfe gefüllt mit Stroh) oder Igel (Schlupflöcher im Zaun, halbkugelige Igelhöhlen, Brett zum Gartenteichausstieg).

Setzen Sie zudem, wenn überhaupt, nur nützlingsschonende Pflanzenschutzmittel ein. Hinweise dazu finden Sie auf Verpackung und Gebrauchsanweisung. Produkte mit Hinweisen wie „Das Mittel wird als schädigend für Populationen relevanter Nutzorganismen eingestuft" sind nicht zu bevorzugen.

Auch im Fachhandel ist eine Vielzahl von Nützlingen erhältlich. Wegen der meist hohen Ansprüche an Temperatur, Feuchtigkeit und Licht beschränkt sich ihr Einsatz aber vorwiegend auf Wintergärten (Australische Marienkäfer gegen Schmierläuse), Gewächshäuser (Raubmilben gegen Spinnmilben) sowie Innenräume (Florfliegenlarven gegen Blattläuse). Manche sind aber auch für den Einsatz im Freiland geeignet, etwa Nematoden gegen die Larven vom Dickmaulrüssler.

Von Gelbtafeln und Pheromonfallen

Bei den biotechnischen Maßnahmen werden physikalische oder chemische Reize genutzt, die jeweils spezifisch auf die jeweiligen Schaderreger wirken. Hierzu zählt beispielsweise die allseits bekannte Bierfalle gegen Schnecken oder auch die klebrigen Gelbfallen gegen Kirschfruchtfliegen und andere Insekten. Gegen die an Obst auftretenden Sägewespen können Weißfallen eingesetzt werden, denn diese Insekten werden nicht von der Farbe Gelb angelockt.

In Obstkulturen kommen häufig Pheromonfallen zum Einsatz. Diese geben einen spezifischen Lockstoff ab, der die Männchen ausgewählter Falter (beispielsweise vom Apfelwickler oder Pflaumenwickler) auf einer klebrigen Unterlage abfängt und abtötet. Damit wird eine Partnerfindung, Begattung und spätere Eiablage verhindert. In größeren Arealen, zum Beispiel einer gesamten Kleingartenanlage, lassen sich solche Pheromonfallen auch als Verwirrungsmethode verwenden. Dazu werden die Fallen großflächig in hoher Dichte verteilt, sodass eine geschlossene Duftwolke über der Fläche liegt und die Männchen nicht mehr gezielt die Weibchen riechen und anfliegen können; auch hier unterbleibt eine Begattung.

Schallerzeugende Geräte gegen Wühlmäuse zählen ebenfalls zu den biotechnischen Maßnahmen, haben bei unabhängigen Prüfungen aber keine nachweisbare Wirkung gezeigt.

Augen auf bei der Sortenwahl

Mit Hilfe einer gezielten Sortenwahl lassen sich Pflanzenschutzprobleme recht elegant verhindern. Gegen viele Schaderreger sind mittlerweile resistente Sorten erhältlich, beispielsweise gegen Apfelschorf, Falschen Mehltau an Salat oder auch das Gurkenmosaikvirus. Diese Sorten sollten Sie bevorzugt nutzen, sofern nicht andere, individuelle Gründe (etwa dem Geschmack der Sorte) dagegen sprechen. Sind keine resistenten Sorten erhältlich, achten Sie auf die Einstufung der Anfälligkeit und bevorzugen Sie widerstandsfähige Sorten. Aktualisierte Listen zu resistenten Sorten bieten die Gartenakademien der Länder (siehe Seite 183) oder auch einige Forschungsanstalten kostenlos im Internet an.

Gartenpraxis – aber richtig

Anbau- und kulturtechnische Maßnahmen in der Gartenpraxis haben vorwiegend vorbeugenden Charakter. Dazu gehören beispielsweise die richtigen Standortbedingungen der Pflanze (Halbschatten, Sonne) in Verbindung mit den optimalen Bodenverhältnissen (Bodenart, pH-Wert, Nährstoffgehalte). Sofern möglich sollten Sie die Anbautermine so legen, dass beispielsweise die Flugzeiten der Schädlinge sich nicht mit der anfälligen Wachstumsphase decken. Eine zeitige Aussaat von Kohl umgeht auf diesem Weg beispielsweise die erste Generation der Kleinen Kohlfliege. Eine frühe und dichte Abdeckung mit engmaschigen Kulturschutznetzen reduziert insbesondere bei Gemüse den Befall mit verschiedenen Gemüsefliegen und deren Maden an den Wurzeln sowie von blattfressenden Schmetterlingsraupen. Lässt sich Feuchtigkeit gezielt aus einem Pflanzenbestand zurückhalten, wie durch ein Pultdach beim Anbau von Tomaten im Freiland, tritt die gefürchtete Kraut- und Braunfäule deutlich später oder sogar überhaupt nicht auf – ganz ohne Chemie.

Nur im Notfall: chemische Pflanzenschutzmittel

In Deutschland werden Pflanzenschutzmittel vom BVL (Bundesamt für Verbraucherschutz und Lebensmittelsicherheit) zugelassen. Diese Produkte erkennen Sie an dem Zulassungs-Dreieck mit den Begriffen „amtlich“, „geprüft“, „zugelassen“ sowie einer Zulassungsnummer, das auf der Verpackung aufgedruckt ist. Im Hobbygarten dürfen zudem ausschließlich Produkte eingesetzt werden, die auf der Verpackung mit dem Hinweis „Anwendung im Haus- und Kleingartenbereich zulässig“ gekennzeichnet sind. Alle anderen Produkte, beispielsweise aus dem Erwerbsanbau, sind verboten. Dies gilt übrigens auch für Spritzmaßnahmen, die von einem Profigärtner in Ihrem Garten durchgeführt werden. Denn entscheidend ist hier der Einsatzort, nicht der Anwender.
Der Gesetzgeber hat an die für den Haus- und Kleingartenbereich zulässigen Produkte besondere Anforderungen: Sie dürfen nicht als giftig oder sehr giftig eingestuft sein, müssen anwendungsfertig vorliegen (etwa als Stäbchen oder bereits fertig verdünnte Spritzbrühe) oder ein geeignetes Dosiersystem besitzen. Zudem darf die Packungsgröße höchstens dem Jahresbedarf bzw. Flächenbedarf von 500 m² entsprechen. Pflanzenschutzmittel erhalten Sie nicht in einem Selbstbedienungsregal, denn ihr Verkauf ist gesetzlich stets an eine Beratung über Gefahren, Auflagen und Verbote gebunden.

Das sollten Sie beim Einsatz beachten

Derzeit sind über 600 Pflanzenschutzmittel für den Haus- und Kleingartenbereich zugelassen. Dies sind Mittel gegen Insekten (Insektizide), Pilze (Fungizide), Unkräuter (Herbizide), Milben (Akarizide) oder Nagetiere (Rodentizide). Wichtiger als der Produktname sind die enthaltenen Wirkstoffe (beispielsweise Myclobutanil, Thiacloprid, Azoxystrobin), da diese für die eigentliche Wirkung verantwortlich sind. Liegen beispielsweise Resistenzen gegen bestimmte Schaderreger vor müssen Sie andere Wirkstoffe, nicht jedoch nur einfach andere Produkte einsetzen. Beachten Sie vor jedem Einsatz die in der Gebrauchsanweisung aufgeführten Vorsichtsmaßnahmen. So müssen Sie etwa beim Einsatz an Gemüse- und Obstkulturen die auf der Verpackung angegebene Wartezeit einhalten. Diese Wartezeit entspricht dem Zeitraum in Tagen, die zwischen der letzten Anwendung des Pflanzenschutzmittels und dem Erntetermin liegen muss. Nur dann können Obst und Gemüse gefahrlos verzehrt werden. Bevorzugen Sie Produkte mit kurzer Wartezeit.
Vor der Anwendung von Pflanzenschutzmitteln müssen Sie auch prüfen, ob sie auch für den Einsatz in dem geplanten Bereich überhaupt zugelassen sind. Hinweise auf „Freiland“, „Gewächshaus“ oder „Zimmer, Büroräume, Balkone“ finden Sie in der Gebrauchsanweisung. Diese liefert ebenfalls Hinweise zur möglichen Bienengefährlichkeit des Produktes. Sofern mehrere Mittel zur Auswahl stehen, setzen Sie im Garten stets bienenungefährliche Mittel ein.

Häufige Gartenplagen am Obst

Die Schaderreger in diesem Kapitel kommen nicht nur auf einer bestimmten Obstart vor, sondern können verschiedene Wirtspflanzen befallen. Bevor Sie einen Blick auf die Schaderreger im darauffolgenden nach Pflanzen sortierten Kapitel werfen, sollten Sie prüfen, ob nicht etwa einer der folgenden „Universal-Schaderreger“ für Ihr Schadbild verantwortlich ist.

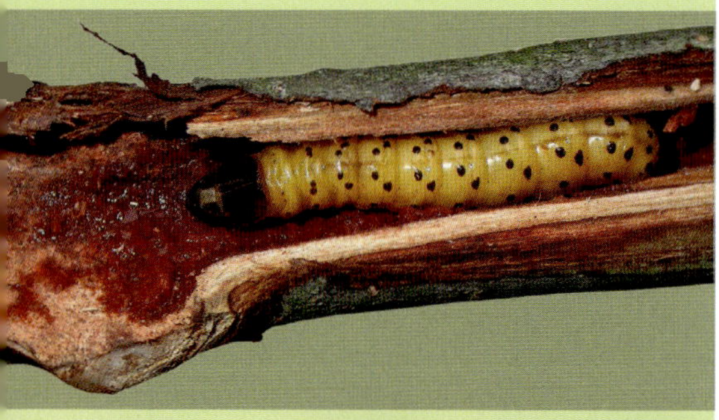

Blausieb

Zeuzera pyrina
Schmetterling

Steckbrief

Zweijährige Entwicklungszeit. Flugzeit der nachtaktiven Falter (weißlich mit blau-schwarzen Punkten, Flügelspannweite 6 cm) ab Juni. Eier werden in kleinen Gruppen, mehrere Hundert pro Weibchen, in Stammwunden und Rindenritzen abgelegt. Gelbliche, schwarz gepunktete, bis zu 6 cm lange Raupen dringen in Äste (Durchmesser maximal 10 cm) ein, legen im Kernholz Miniergang an, teils auch in der äußeren Rinde; Verpuppung im Frühjahr.

Symptome und Schadbild

In mittelstarken Ästen bis zu 30 cm lange Fraßgänge mit Raupe. Aus dem Bohrloch tritt Bohrmehl heraus. Betroffene Pflanzen welken. Bei Wind brechen befallene Äste leichter ab.

Vorbeugen und bekämpfen

Rückschnitt befallener Äste mit den darin befindlichen Raupen. Mechanisches Abtöten der Raupe im Miniergang mit Hilfe eines Drahtes. Einsatz von Pheromonfallen zum Abfangen der männlichen Tiere.

Auf einen Blick

- in Ästen minierende, bis zu 6 cm große Raupen
- gelb gefärbte Raupe mit schwarzen Punkten
- mehrjährige Entwicklungszeit

Kommt auch vor an

Für die Raupen sind rund 120 Wirtspflanzen bekannt, darunter alle Kernobst- und Steinobstarten.

Borkenkäfer

Verschiedene Arten
Käfer

Steckbrief

Je nach Art eine oder mehrere Generationen pro Jahr. Die dunklen Käfer sind 3 – 5 mm lang, ebenso lang sind die beinlosen weißen Larven mit brauner Kopfkapsel. Man unterscheidet rinden- und holzbrütende Arten.
Rindenbrüter: Weibchen fressen im Frühjahr einen oder mehrere einige Zentimeter lange Muttergänge in die Rinde, von denen seitlich die Larvengänge abgehen; jeder später sich verpuppende Käfer bohrt sein eigenes Ausbohrloch.
Holzbrüter: Weibchen bohren sich im Frühjahr tief in das Holz, legen dort eher kurze, verzweigte Fraßgänge an; Larven ernähren sich von in den Gängen wachsendem Pilzmyzel; Ausschlupf der Käfer erfolgt über das ehemalige Einbohrloch des Muttertiers.

Symptome und Schadbild

Rindenbrüter mit charakteristischem Fraßbild der Mutter- und Larvengänge im Rindenbereich; zahlreiche Ausbohrlöcher. Befall führt meist zum Absterben der betroffenen Stämme. Fraßgänge der Holzbrüter im unmittelbaren Holzbereich (schwarz gefärbtes Gangsystem); nur vereinzelte Bohrlöcher.

Vorbeugen und bekämpfen

Rückschnitt oder Rodung befallener Bäume vor dem Schlupf der Käfer. Artabhängig ist auch ein Einsatz von Fallen zum Abfangen der Käfer möglich. Einsatz von Insektiziden zur Flugzeit der Käfer.

Kommt auch vor an

Borkenkäfer treten artabhängig nicht nur an Obstgehölzen, sondern auch anderen Laub- und Nadelgehölzen auf.

Auf einen Blick

- die Käfer befallen bevorzugt geschwächte Obstgehölze
- arttypische Gangsysteme der Larven in der Rinde oder im Holz
- einzelne Käfer sind nur 3 – 5 mm groß

Engerlinge

Verschiedene Arten
Käfer

Steckbrief

Die Larven der Blatthornkäfer werden Engerlinge genannt. Je nach Art eine Generation pro Jahr (Gartenlaubkäfer) oder mehrjährige Entwicklungszeit (3 – 5 Jahre Maikäfer, 2 Jahre Junikäfer). Maikäferlarven bis zu 5 cm lang, weißlich gefärbt, mit drei recht langen Brustbeinpaaren und brauner Kopfkapsel, in bauchseits gekrümmter Haltung. Die Verpuppung zum Käfer erfolgt im Boden, in dem er auch überwintert. Im Frühjahr legen die an Blättern fressenden Käfer ihre bis zu 70 Eier in kleinen Gelegen in den Boden ab.

Symptome und Schadbild

Fraßschäden an den Wurzeln zeigen sich oberirdisch in Form kleiner, meist eng begrenzter Absterbeerscheinungen (nestweise). Im Wurzelbereich sind Engerlinge anzutreffen, die an den Wurzeln fressen. Teilweise ist der Boden deutlich aufgewühlt, da verschiedene Vögel den Larven nachstellen. Blattfraß der Käfer an den Bäumen im Frühjahr.

Vorbeugen und bekämpfen

Absammeln der Engerlinge im Boden. Mechanische Bekämpfung durch Fräsen oder Stachelwalzen. Artabhängig ist ein Einsatz von Nematoden gegen die Larven sowie Lockstofffallen zum Abfangen der Käfer möglich. Einsatz von Insektiziden gegen die Käfer.

Auf einen Blick

- **Fraßschäden an den Wurzeln**
- **im Boden sind mehrere Zentimeter große Larven mit langen Beinpaaren**
- **viele Engerlinge haben eine mehrjährige Entwicklungsdauer**

Nicht verwechseln!

Engerlinge mit auffallend kurzen Beinpaaren aus dem Kompost (untere Abbildung) stammen vom Rosenkäfer und schädigen keine Wurzeln!

Kleiner Frostspanner

Operophtera brumata
Schmetterling

Steckbrief

1 Generation pro Jahr. Die Falter treten ab Oktober auf. Während die männlichen Falter geflügelt sind (hellgrau, Flügelspannweite ca. 25 mm) besitzen die etwa 7 mm großen weiblichen Tiere nur Flügelstummel (flugunfähig). Die Weibchen wandern in die Baumkronen und legen dort bis zu 300 Eier einzeln oder in kleinen Gelegen ab. Die 1 mm großen Eier sind länglich und rot gefärbt. Mit dem Austrieb schlüpfen die grün gefärbten, mit gelben Längsstreifen versehenen Larven, die sich spannerartig fortbewegen. Ab Juni verlassen die 2 cm großen Raupen die Pflanzen und verpuppen sich im Boden.

Symptome und Schadbild

Die Larven fressen bereits zeitig im Jahr an Knospen und an jungem Austrieb. Nachfolgend treten Fraßschäden an Blüten, Blättern (Lochfraß) und Früchten auf.

Vorbeugen und bekämpfen

Ab Oktober am Stamm (und Pfahl) Leimringe anbringen zum Abfangen der Weibchen. Förderung von Singvögeln. Im Frühjahr Einsatz von Insektiziden gegen die Raupen.

Kommt auch vor an

Die Raupen des Frostspanners treten schädigend an Kern- und Steinobst, nicht aber am Pfirsich, sowie an vielen Gehölzen auf.

Auf einen Blick

- Überwinterung als Ei an den Trieben
- Raupen mit spannerartiger Fortbewegung
- Einsatz von Leimringen gegen die flügellosen Weibchen im Herbst

Goldafter

Euproctis chrysorrhoea
Schmetterling

Steckbrief

Eine Generation pro Jahr. Die bis zu 3 cm langen, dunklen Raupen überwintern in einem bis zu faustgroßen Winternest. Sie sind deutlich behaart (Brennhaare) und besitzen farbige Längsstreifen sowie zwei rote auffällige Borstenbüschel auf dem Rücken. Im Juni erfolgt die Verpuppung. Flügelspannweite der Falter 3 cm. Die Weibchen besitzen am Hinterleib ein goldenes Haarbüschel (Name). Bis zu 300 Eier legt jedes Weibchen in kleinen Gelegen auf die Blattunterseite. Die ab August schlüpfenden Raupen treten gesellig in mit Blättern zusammengesponnenen Nestern auf.

Symptome und Schadbild

Fraßschäden an Knospen und jungen Blättern durch die Raupen, dabei auch Kahlfraß möglich. Im Winter weiße Gespinste mit Raupen an den Bäumen.

Vorbeugen und bekämpfen

Entfernen der Winternester (Handschuhe tragen). Im Spätsommer oder im zeitigen Frühjahr Einsatz von Insektiziden gegen die noch jungen Raupen.

Auf einen Blick

- **Die Raupen überwintern gesellig in faustgroßen Nestern**
- **Vorsicht: Raupen besitzen Brennhaare**
- **Fraßschäden der Raupen an Blättern und Knospen**

Kommt auch vor an

Die Raupen des Goldafters treten an vielen Obstgehölzen auf, insbesondere an Kirsche, Birne und Zwetschge.

Schalenwickler

Verschiedene Arten
Schmetterling

Steckbrief

Überwinterung als Eier im Gelege an Ästen (Flugzeit der Falter ab Juni, eine Generation pro Jahr) oder als Raupe, geschützt durch ein Gespinst (Flugzeiten der Falter Ende Mai und Ende Juli, 2 Generationen pro Jahr). Die braunen Falter weisen arttypische Flügelzeichnungen auf, Flügelspannweite 10 – 20 mm.

Symptome und Schadbild

Fraßschäden an Knospen von den als Raupen überwinternden Arten. Charakteristisch sind eingesponnene Blätter mit Fenster- bis Skelettierfraß. Auch Früchte werden mit Blättern zusammengesponnen, dann teils großflächiger Schabefraß an den Früchten, der später verkorkt.

Vorbeugen und bekämpfen

Absammeln und Entfernen der Gespinste. Förderung von Vögeln, die den Raupen nachstellen. Stammpflege zur Abtötung der überwinternden Raupen. Flugzeitbestimmung der Falter mit Hilfe von Pheromonfallen zur besseren Spritzterminbestimmung oder nur als zusätzlichen Abfangeffekt. Einsatz von Insektiziden gegen die jungen Raupen.

Kommt auch vor an

Schalenwickler können artabhängig am Kernobst, aber auch am Stein- und Beerenobst schädigend auftreten.

Auf einen Blick

- **eingesponnene Blätter mit lebenden Raupen**
- **Schabefraß an Früchten mit nachfolgender Verkorkung**
- **Überwinterung artabhängig als Ei oder Raupe**

Weidenbohrer

Coccus cossus
Schmetterling

Steckbrief

Mehrjährige Entwicklungszeit. Die Raupen verpuppen sich im Frühjahr im Stammbereich, sodass die Falter ab Juni auftreten. Die braunen Falter mit dem dunklen Linienmuster erreichen eine Flügelspannweite von 10 cm. Die Eier werden in kleinen Haufen an der Stammbasis abgelegt. Die jungen Raupen fressen anfangs noch zu mehreren unter der Rinde, dann verteilen sie sich auf einzelne Gangsysteme. Die rötlich gefärbten Raupen werden in ihrer zwei- bis dreijährigen Entwicklungszeit 6 cm groß.

Symptome und Schadbild

Bohrlöcher am Stamm, aus denen Raupenkot und Bohrmehl austritt. Im Innern der Äste treten platzartig erweiterte Gänge oder bis zu 1 m lange Bohrgänge auf, in denen sich eine Raupe befindet. Bäume haben ein vermindertes Wachstum, welken und sterben häufig ab.

Vorbeugen und bekämpfen

Rückschnitt befallener Äste oder Rodung absterbender Bäume. Mechanisches Abtöten der Larven im Miniergang mit einem Draht.

Auf einen Blick

- **bis zu 6 cm große Larven minieren im Stammbereich**
- **rötlich gefärbte, große Raupen**
- **mehrjährige Entwicklungszeit**

Kommt auch vor an

Der Weidenbohrer tritt nicht nur an verschiedenen Obstbäumen, sondern auch entsprechend seinem Namen an Weiden und anderen Gehölzen auf.

Wühlmaus

Arvicola terrestris
Nagetier

Steckbrief

3 – 4 Würfe pro Jahr mit jeweils 2 – 6 Jungen. Einzelgänger oder Muttertier mit Jungen in bis zu 100 m langen, verzweigten unterirdischen Gängen. Jungtiere im Alter von 2 Monaten geschlechtsreif, graben sich dann eigenes Gangsystem. 30 cm lang, stumpfe Schnauze, braun mit heller Bauchseite. Ernähren sich ausschließlich von pflanzlicher Nahrung. Wühlmäuse sind ganzjährig aktiv und halten keinen Winterschlaf.

Symptome und Schadbild

Bäume kümmern, zeigen vergilbende Blätter und welken, an den Wurzeln sind deutlich die paarigen Nagespuren sichtbar. Schräg vom Gangsystem ausgeworfene flache Erdhaufen mit pflanzlichen Resten. Gänge mit hochovalem Durchmesser, werden nach dem Freilegen innerhalb von wenigen Stunden wieder zugewühlt („Verwühlprobe“).

Vorbeugen und bekämpfen

Fangen mittels aufgestellten Fallen. Jungbäume in engmaschige Drahtkörbe pflanzen. Förderung natürlicher Feinde (Hermelin, Greifvögel). Hohe Gras- oder Mulchschicht im Stammumfeld vermeiden. Einsatz von Vergrämungsprodukten. Auslegen von Giftködern in die Gänge.

Kommt auch vor an

Fraßschäden können an allen Obstgehölzen, aber auch Ziersträuchern und Zwiebelgewächsen auftreten.

Auf einen Blick

- Fraßschäden an den Wurzeln, die bis zum Absterben der Bäume führen können
- unterirdisches Gangsystem mit flachen Wühlmaushügeln
- Wühlmäuse bevorzugt mit Fallen bekämpfen

Krankheiten und Schädlinge im Obstgarten

In diesem Kapitel lernen Sie die Schädlinge und Krankheiten kennen, die einzelne Obstkulturen befallen können. Die einzelnen Pflanzen sind von Apfel bis Wein in alphabetischer Reihenfolge angeordnet. Den richtigen Schaderreger finden Sie, wenn Sie bei der betreffenden Obstart nachschauen: Entweder Sie erkennen ihn anhand der Fotos oder finden ihn anhand des alphabetisch einsortieren Namens.

Apfel

Apfelbaum-gespinstmotte

Yponomeuta malinella
Schmetterling

Steckbrief

Eine Generation pro Jahr. Die Falter fliegen etwa von Juni bis August. Nach der Paarung legen die Weibchen ihre Eier in kleinen, flachen, mit einer zusätzlichen Schutzschicht versehenen Gelegen dachziegelartig an dünne Triebe. Im Herbst schlüpfen die Raupen, die unter dieser Schicht geschützt überwintern. Beim Austrieb verlassen die nur wenige Millimeter kleinen Raupen ihr Winterquartier und fressen zunächst an Knospen und jungen Blättern. Mit zunehmender Größe bilden die geselligen gelblichen Raupen mit dunklem Kopf und dunklen Flecken ein Gespinst. Sie werden bis zu 2 cm lang. Auch die Puppen (1 cm, meist nebeneinander in Reihe angeordnet) werden innerhalb der Gespinste gebildet.

Symptome und Schadbild

Die Schäden der in dichten Gespinsten auftretenden Larven reichen von Loch- bis zum Kahlfraß.

Vorbeugen und bekämpfen

Rückschnitt der ersten Nester im Frühjahr. Bei kleineren Sträuchern Entfernung der Eigelege durch gezielten Rückschnitt. Einsatz von Insektiziden im Frühjahr vor einer intensiven Gespinstbildung.

Auf einen Blick

- **Gespinstbildung mit Raupenansammlungen im Frühjahr**
- **Fraßschäden sind bis zum Kahlfraß möglich**
- **frühzeitiger Rückschnitt der ersten Befallsnester**

Ganz nah dran

Die Falter besitzen hellgraue Hinterflügel und reinweiße Vorderflügel mit mehreren schwarzen Punkten; Flügelspannweite etwa 20 mm.

Apfelbaumglasflügler

Synanthedon myopaeformis
Schmetterling

Steckbrief

Eine Generation pro Jahr. Nach der Überwinterung und Verpuppung im Astbereich fliegen die Glasflügler ab Juni. Sie legen die Eier in Rindenritzen, Wunden am Stamm oder dickeren Ästen ab. Die schlüpfenden Raupen bohren sich in die Rinden- und Holzschicht ein und fressen dort bis zu 2 Jahre lang. Sie sind hellbraun gefärbt, besitzen einen abgeflachten Körper mit dunkler Kopfkapsel und werden 15 mm groß.

Symptome und Schadbild

Häufig in der Nähe von Krebswunden oder an Veredlungsstellen wird die Rinde weich, verfärbt sich fleckig und lässt sich ablösen. Aus der von der Raupe angelegten Ausbohröffnung für die spätere Puppe kann im Sommer Bohrmehl austreten und Saftfluss beobachtet werden. Die braun gefärbte Puppenhülle ragt nach dem Schlupf im Frühjahr noch als Hülle aus dem Ausbohrloch heraus.

Vorbeugen und bekämpfen

Ausschneiden der mit Larven bewohnten Befallsstellen. Mittels aufgehängter Lockstoff- und Pheromonfallen lässt sich ein Teil der Falter abfangen.

Ganz nah dran

Die wespenähnlichen Falter besitzen einen schwarzen Körper mit rotem Band am Hinterleib sowie durchsichtige Flügel mit schwarzen Adern, Flügelspannweite 25 mm.

Apfel

Auf einen Blick

- Fraß der hellen Larven unter der Rinde
- Austritt von Bohrmehl
- Befallene Stellen mit fleckiger, leicht lösender Rinde

Apfel

Auf einen Blick

- Überwinterung als Ei an den Trieben
- Blattkräuselungen, Bildung von Honigtau, Schwärzepilze
- Bis zu 10 Generationen pro Jahr

Grüne Apfelblattlaus

Aphis pomi
Blattlaus

Steckbrief

Bis zu 10 Generationen pro Jahr. Die schwarz glänzenden Eier überwintern an den Triebspitzen. Beim Austrieb schlüpfen die ersten etwa 2 mm großen, grünen Läuse mit den zwei dunklen Hinterleibsröhren (Siphonen), die rasch die jungen Blätter besiedeln und auf den Blattunterseiten saugen. Etwa ab Juni treten geflügelte Tiere auf, die weitere Apfelbäume besiedeln können. Eine warme Witterung fördert das Auftreten der nachfolgenden Generationen. Zum Herbst hin werden die Eier zur Überwinterung abgelegt.

Symptome und Schadbild

Im Frühjahr werden bevorzugt die jungen Triebe besiedelt, die verkrüppeln und auch absterben können. Im Sommer besiedelte Blätter zeigen deutliche Blattkräuselungen. Befallene Blätter sind mit klebrigem Honigtau versetzt, auf dem sich Schwärzepilze ansiedeln.

Vorbeugen und bekämpfen

Selektiver Rückschnitt befallener Triebspitzen. Förderung von Nützlingen (Marienkäfer, Florfliegen, Schwebfliegen). Frühzeitiger Einsatz von Insektiziden. Bei jungen Bäumen ist eine Bekämpfung eher erforderlich als bei älteren Apfelbäumen.

Kommt auch vor an

Neben Apfel können die Grünen Apfelblattläuse auch Birne, Quitte und Weißdorn besiedeln.

Mehlige Apfelblattlaus

Dysaphis plantaginea
Blattlaus

Steckbrief

5 – 6 Generationen pro Jahr. Die Eigelege überwintern an Trieben, Zweigen oder am Stamm. Beim Austrieb schlüpfen die ersten Läuse, die zuerst an Knospen, später an Blättern als Kolonie auftreten und gesellig am Pflanzengewebe saugen. Bereits im Juni wandern geflügelte Tiere auf Unkräuter (Wegerich-Arten) ab, die dort den Sommer verbringen. Ein Teil der Läuse bleibt aber auf dem Apfel. Zum Herbst hin Rückwanderung der Tiere von den Unkräutern zum Apfel zur Eiablage.

Symptome und Schadbild

Geschädigte Blätter sind quer zur Mittelrippe eingerollt, bleiben jedoch weiter grün (im Gegensatz zur Rosigen Apfelfaltenlaus). Starker Befall führt zu vermindertem Triebwachstum, frühzeitigem Laubfall, evtl. auch zu Fruchtschäden (Deformationen, Verkrüppelungen).

Vorbeugen und bekämpfen

Frühzeitige Entfernung befallener Einzeltriebe. Förderung von Nützlingen (Marienkäfer, Florfliegen, Schwebfliegen). Einsatz von Insektiziden während der Vegetationszeit, vor allem bereits beim Austrieb. Kontrolle auf und Bekämpfung von Blattläusen an Wegerich-Arten.

Ganz nah dran

Die Mehligen Apfelblattläuse sind ca. 2 mm groß, dunkel gefärbt und von einem weißen Wachsstaub bedeckt.

Apfel

Auf einen Blick

- Überwinterung als Ei an den Trieben
- Blätter rollen sich quer zur Mittelrippe ein
- Abwanderung der Tiere im Sommer auf Unkräuter

Apfel

Auf einen Blick

- Blütenknospen bleiben geschlossen und verbräunen
- eine beinlose Larve entwickelt sich in der Knospe
- der Käfer überwintert unter der Borke

Apfelblütenstecher

Anthonomus pomorum
Käfer

Steckbrief

Eine Generation pro Jahr. Die Käfer überwintern unter der Borke von Stämmen. Ab März besiedeln sie die Knospen der Apfelbäume. Nach der Paarung legen die Weibchen bis zu 100 Eier einzeln in die noch geschlossenen Blütenknospen. Die Knospen bleiben geschlossen und verfärben sich braun. Die beinlosen Larven mit der dunklen Kopfkapsel werden bis zu 6 mm groß. Nach der Verpuppung bohrt sich der Käfer aus der Knospe, ruft an den Blättern einen geringen Fraßschaden (Lochfraß) hervor und sucht bereits ab Juli sein Winterquartier auf.

Symptome und Schadbild

Die Larve frisst den inneren Bereich der Knospe aus. Insbesondere bei geringem Blütenbesatz und dem Auftreten zahlreicher Käfer ist der Schaden durch den Blütenverlust hoch.

Vorbeugen und bekämpfen

Abklopfen und Abschütteln der Käfer auf eine helle Unterlage. Einsatz von Insektiziden nach dem Knospenaufbruch („Mausohrstadium“). Wellpapperinge im März als Käferversteck anbieten und dort absammeln.

Ganz nah dran

Der bräunliche Käfer ist 4 mm groß, besitzt einen auffälligen Rüssel („Rüsselkäfer“) und trägt auf dem Rücken eine helle „V“-Zeichnung.

Rosige Apfelfaltenlaus

Dysaphis devecta
Blattlaus

Steckbrief

3 – 4 Generationen pro Jahr. Die an den Ästen abgelegten, schwarz glänzenden Eier überwintern dort. Bereits im zeitigen Frühjahr schlüpfen die ersten Läuse, die rasch auf den Blättern als Kolonie auftreten und hier gesellig saugen. Die im Frühjahr gebildeten geflügelten Stadien sorgen für eine weitere Ausbreitung. Bereits im Juli kommt es zur Ablage der Eier, die überwintern.

Symptome und Schadbild

Die Rosige Apfelfaltenlaus tritt nur an Apfel auf. Sie führt an den Blättern zu deutlichen Einrollungen längs zur Mittelrippe sowie leuchtend roten Verfärbungen, die teils das ganze Blatt betreffen können.

Vorbeugen und bekämpfen

Absammeln der befallenen Blätter im Frühjahr. Auf eine Bekämpfung im Sommer kann verzichtet werden, da die Symptome zwar noch vorhanden sind, jedoch nun nach Ablage der Wintereier keine Läuse mehr anzutreffen sind. Förderung von Nützlingen (Marienkäfer, Florfliegen, Schwebfliegen). Einsatz von Insektiziden im zeitigen Frühjahr.

Ganz nah dran

Die erwachsenen dunkelgrau gefärbten Läuse sind etwa 2 mm groß und von einem weißen Wachsstaub bedeckt.

Auf einen Blick

- Überwinterung als Ei an den Trieben
- Blätter färben sich rot und rollen sich längs zur Mittelrippe ein
- bereits ab Juli Ablage der Wintereier an Ästen

Apfel

Apfelmehltau

Podosphaera leucotricha
Pilz

Steckbrief

Das Pilzgeflecht überwintert innerhalb der Knospen und besiedelt beim Austrieb die jungen Blätter. Neu gebildete Sporen verbreiten den Pilz innerhalb des Baumes. Neben Laubblättern werden auch Blüten, Triebe und (seltener) Früchte befallen. Trockenwarme Witterung fördert das Auftreten des Pilzes („Schönwetterpilz"), der bereits zum Sommer hin neu angelegte Knospen zur Überwinterung besiedelt.

Symptome und Schadbild

Mehlig-weißer Pilzbelag auf Blätter, Blüten und Triebspitzen. Befallene Blätter stehen oft steil aufrecht („Starrtracht") und trocknen vom Rand her ein. Frühzeitiger Laubabwurf (bis auf die jüngsten Blätter). Infizierte Früchte zeigen netzförmige Berostungen. Reduzierter Ertrag. Infizierte Knospen sind im Winter an abstehenden statt geschlossenen Knospenschuppen erkennbar.

Vorbeugen und bekämpfen

Rückschnitt infizierter Triebe im Winter. Entfernung der ersten befallenen Triebe („Zeigertriebe"). Pflanzung weniger empfindlicher Sorten. Keine überhöhte Stickstoffdüngung. Wiederholter Einsatz von Fungiziden ab dem Zeitpunkt der Blüte.

Auf einen Blick

- **Überwinterung als Pilzgeflecht in den Knospen**
- **Überzug der Blätter und Knospen mit einem deutlich mehlig-weißen Belag**
- **infizierte Früchte besitzen netzartige Berostungen**

Kommt auch vor an

Der Apfelmehltau kann neben dem Zierapfel auch an Lorbeermispel (*Photinia*) auftreten.

Apfelsägewespe

Hoplocampa testudinea
Blattwespe

Steckbrief

Eine Generation pro Jahr. Die Blattwespe legt mit Hilfe ihres sägeartigen Legeapparats die bis zu 20 Eier einzeln in die Fruchtanlagen. Später sind spiralförmig angelegte Fraßgänge äußerlich sichtbar, auch werden ganze Früchte von innen ausgefressen. Die raupenähnlichen, weißlichen, etwa 1 cm langen Larven mit brauner Kopfkapsel und auffälligem Wanzengeruch besitzen 6 – 8 Bauchbeinpaare (Raupen nur 1 – 4). Können während ihrer Entwicklung bis zu fünf junge Früchte zerstören. Etwa im Juni nach 3 – 4 Wochen Fraß verlassen die Larven die Früchte und wandern zur Verpuppung in den Boden, wo sie überwintern.

Symptome und Schadbild

Stärker geschädigte, ausgehöhlte Früchte fallen ab. Früchte mit spiraligen Gängen verkorken äußerlich erkennbar, bleiben aber essbar. Nachweis der Larven bis in den Juni hinein. Kritisch ist ein Befall insbesondere bei einem geringen Fruchtansatz.

Vorbeugen und bekämpfen

Abfangen der Blattwespen mit weiß gefärbten, beleimten Tafeln zur Blütezeit. Befallene Früchte absammeln (abschütteln) zur Reduktion des Befalls im Frühjahr. Einsatz von Insektiziden gegen die Larven.

Ganz nah dran

Die dunkle, etwa 6 mm große, schlanke Blattwespe fliegt zur Blütezeit. Sie wird von den weißen Blütenblättern angelockt.

Auf einen Blick

- Früchte mit spiralförmigen, verkorkten Fraßgängen
- helle Larve mit vielen Beinpaaren
- Überwinterung als Puppe im Boden

Apfel

Auf einen Blick

- Pilz überwintert mittels Fruchtkörper im Falllaub
- Blätter und Früchte zeigen schorfige Braunfärbung
- Verwendung schorfresistenter Sorten

Apfelschorf

Venturia inaequalis
Pilz

Steckbrief

Der Pilz überwintert im Falllaub. Die im Blattinneren gebildeten Fruchtkörper setzen zum Knospenaufbruch Sporen frei. Diese sind für die ersten Infektionen an den Blättern verantwortlich. Je nach Witterung treten 1–3 Wochen nach der Infektion die ersten Blattflecken auf. Die hier neu gebildeten Sporen sorgen, vom Wind verbreitet, für weitere Infektionen an den Blättern und Früchten. Eine feuchte Witterung fördert das Auftreten der Krankheit.

Symptome und Schadbild

Auf den Blättern bilden sich zu Beginn ölig-verwaschene Flecken, die rasch braun werden. Stärker vom Schorf befallene Blätter werden frühzeitig abgeworfen. Frühe Fruchtinfektionen führen zu Braunfärbung und schorfiger Rissbildung auf der Fruchtschale.

Vorbeugen und bekämpfen

Entfernung des Herbstlaubes. Förderung von Regenwürmern (ziehen Laub in den Boden, Verzicht auf schädigende Kupferspritzmittel). Pflanzung schorfresistenter Apfelsorten. Ein lockerer Kronenaufbau senkt das Schorfrisiko erheblich. Einsatz von Fungiziden (regelmäßige Spritzungen ab Blütezeitpunkt).

Ganz nah dran

Bei starkem Befall im Vorjahr ist auch eine Überwinterung an den Trieben möglich. Risse und blasige Auftreibungen an Trieben („Grind") stellen den Überwinterungsort des Pilzes dar.

Apfeltriebsucht

Phytoplasma mali
Phytoplasmen

Steckbrief

Verursacher sind zellwandlose Bakterien (Phytoplasmen), die den Winter in den Wurzeln erkrankter Pflanzen in Teilen der Leitgefäße (Siebröhren) überdauern. Im Frühjahr werden sie von dort aus auf die Pflanze verteilt, meist recht ungleichmäßig. Die Krankheit wird durch den Sommerapfelblattsauger (*Cacopsylla picta*) übertragen, der die Phytoplasmen beim Saugen am Apfel im Frühjahr aufnimmt.

Symptome und Schadbild

Eine sichere Diagnose ist nur durch eine Laboruntersuchung (PCR) möglich, verschiedene Symptome liefern jedoch erste Hinweise. So sind die Früchte deutlich abgeflachter und bis zu 75 % kleiner, die Laubblätter tragen vergrößerte, gezahnte Nebenblätter und die Blattachselknospen im oberen Teil der einjährigen Triebe treiben zu einem Hexenbesen aus. Bäume können absterben, teilweise kommt es auch zur Erholung, ohne dass der Erreger abstirbt.

Vorbeugen und bekämpfen

Meldepflichtiger Quarantäneschaderreger (Rodung befallener Pflanzen). Einsatz von Insektiziden gegen die übertragenden Blattsauger im Frühjahr.

Ganz nah dran

Ab Juli wandern die Blattsauger zum Überwintern vom Apfel auf Nadelgehölze. Im Frühjahr besiedeln sie wieder den Apfel, übertragen dabei die Phytoplasmen auf noch nicht erkrankte Bäume.

Apfel

Auf einen Blick

- verursacht durch Phytoplasmen (besondere Bakterien)
- Laubblätter mit vergrößerten, gezahnten Nebenblättern
- deutlich kleinere, abgeflachte Früchte

Apfel

Auf einen Blick

- Blätter mit aufgerissenen Löchern an den Saugstellen
- Verkrüppelungen der Früchte
- Überwinterung als Ei an den Trieben

Nordische Apfelwanze

Plesiocoris rugicollis
Wanze

Steckbrief

Eine Generation pro Jahr. Die von den Weibchen in Triebe und Zweige abgelegten Eier überwintern, sodass etwa ab April die jungen Larven auftreten. Sie und auch später die Nymphenstadien (Larven mit erkennbaren Flügelanlagen) saugen an den Blättern, Blüten und jungen Früchten. Etwa ab Juni treten die geflügelten Imagines (erwachsene Tiere) auf, die aber eher flugträge sind. Die erwachsenen Wanzen sind etwa 6 mm groß und grünlich gefärbt.

Symptome und Schadbild

Die von den Wanzen besaugten Blätter fallen durch aufgerissene Löcher, meist im Bereich der Hauptader, auf. Junge Früchte, an denen Wanzen gesaugt haben, zeigen lokale Verbräunungen. Später bilden sich jedoch verkrüppelte Früchte, da das Gewebe an den Saugstellen nicht mehr weiterwachsen kann. An besaugten Trieben kommt es zu Wachstumsdepressionen, teils auch zu einem vermehrten Austrieb von Seitentrieben.

Vorbeugen und bekämpfen

Auftretende Larven durch frühzeitige Kontrolle erfassen. Im Bedarfsfall Insektizide spritzen.

Kommt auch vor an

Die Nordische Apfelwanze sowie weitere in Biologie und Symptomatik vergleichbare Wanzenarten (beispielsweise Grüne Futterwanze, *Lygocoris pabulinus*) treten auch auf Beerenobst auf.

Apfelwickler

Cydia (Laspeyresia) pomonella
Schmetterling

Apfel

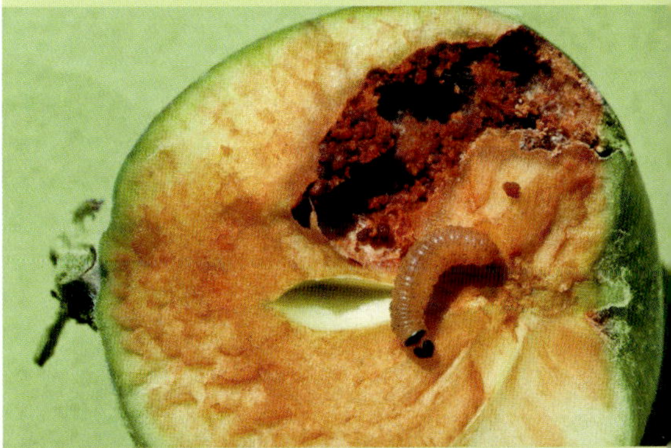

Steckbrief

Meist 2 Generation pro Jahr. Flugzeit der Falter ab Mai und ab Ende Juli. Bis zu 80 Eier legt jedes Weibchen an Blätter und junge Früchte ab. Die in der Frucht fressenden, rötlichen, bis zu 2 cm langen Larven („Obstmade") besitzen drei Brustbeinpaare und fünf Beinpaare am Hinterleib. Nach etwa 4 Wochen Fraßdauer verlassen die Larven die Frucht, seilen sich ab und verpuppen sich unter einem Gespinst in Borkenschuppen (Überwinterung).

Symptome und Schadbild

Die Larven fressen in der Frucht, der sich ansammelnde Kot tritt durch das Einbohrloch sichtbar nach außen. Befallene Früchte sind nur eingeschränkt oder gar nicht verwertbar. Frühzeitiger Fruchtfall. Vom Apfelwickler geschädigte Äpfel werden meist zusätzlich von Moniliapilzen infiziert.

Vorbeugen und bekämpfen

Fallobst frühzeitig absammeln. Wellpapperinge als Larvenverstecke um den Stamm anbringen (Juni und August); im Herbst mit den Puppen entfernen. Stammpflege im Winter. Einsatz von Schlupfwespen (*Trichogramma dendrolimi*). Einsatz von Insektiziden, teilweise auch nach Falterflugbestimmung mittels Pheromonfallen.

Kommt auch vor an

Wichtigster Schädling an Apfel, tritt auch an Birne und Walnuss auf. Die graubraunen Falter (Flügelspannweite ca. 20 mm) tragen am Vorderflügel einen „Augenfleck".

Auf einen Blick

- die Larve in der Frucht ist als „Obstmade" bekannt
- Überwinterung als Puppe am Stamm
- meist 2 Generationen pro Jahr

Apfel

Blutlaus

Eriosoma lanigerum
Blasenlaus

Steckbrief

Bis zu 10 Generationen pro Jahr. Blutläuse überwintern als Larvenstadium am Wurzelhalsbereich (teils auch am Stamm, an Ästen und Zweigen). Ab Mai zeigen sich watteähnliche Blutlauskolonien an Schnitt- und Wundstellen, aber auch an den Trieben. Jedes Weibchen bringt bis zu 130 lebende Junge auf die Welt (männliche Tiere fehlen). Im Laufe des Sommers entstehen geflügelte Tiere, die weitere Bäume besiedeln.

Symptome und Schadbild

Durch die Saugtätigkeit an den Trieben kommt es zu Wucherungen und Deformationen („Blutlauskrebs"). Aufgerissene Stellen sind Eintrittspforten für Pilze. Ein starker Befall führt zur Schwächung der Bäume.

Vorbeugen und bekämpfen

Ohrwürmer als natürliche Blutlausräuber fördern mit umgekehrt aufgehängten Tontöpfen, die mit Holzwolle gefüllt sind. Die von der Blutlauszehrwespe parasitierten Blutläuse sind schwarz gefärbt und ohne Wachswolle. Keine überhöhte Stickstoffdüngung (erhöhte Blutlausanfälligkeit). Weniger anfällige Sorten bevorzugen. Einsatz von Insektiziden an den lokalen Blutlauskolonien.

Auf einen Blick

- **Kolonien von Läusen mit auffälliger Wachswolle**
- **Larven überwintern am bodennahen Stammbereich**
- **Bildung von Triebwucherungen („Blutlauskrebs")**

Ganz nah dran

Die Einzeltiere sind etwa 2 mm groß und tragen am Hinterleib eine weiße Wachswolle. Werden die Tiere zerdrückt, tritt ein blutroter Saft aus („Blutlaus").

Frühjahrsapfel-blattsauger

Psylla mali
Blattsauger

Steckbrief

Eine Generation pro Jahr. Die Überwinterung erfolgt als Ei in kleinen Gelegen, bevorzugt an Triebspitzen. Ab April schlüpfen die stark abgeflachten, nur etwa 2 mm großen, grünen Larven. Diese saugen an frischen Blatt- und Blütenknospen. Ältere Larvenstadien besitzen bereits erkennbare Flügelanlagen (Nymphen). Nach der Häutung treten ab Mai die 3 mm großen, deutlich geflügelten Blattsauger auf. Im Herbst findet die Paarung und Eiablage statt, mit bis zu 100 Eiern pro Weibchen.

Symptome und Schadbild

Durch die Saugtätigkeit der Larven werden die Blätter stark geschädigt, sodass teilweise der Austrieb ausbleibt, befallene Blattbüschel braun werden oder ganz absterben. Die Blätter verkleben sehr stark, da die Larven reichlich Honigtau produzieren. Auf diesem siedeln sich Schwärzepilze an, sodass es zu einer weiteren Beeinträchtigung der Pflanzen kommt. Die erwachsenen Tiere rufen keine Schäden hervor.

Vorbeugen und bekämpfen

Spritzung beim Austrieb gegen überwinternde Eier. Bekämpfung der Larven mit wiederholten Insektizid-Behandlungen zur Blüte.

Ganz nah dran

Die erwachsenen Blattsauger lassen sich den Sommer über an den Pflanzen nachweisen. Sie sind recht aktiv, sehr scheu und fliegen rasch davon.

Auf einen Blick

- grünliche, stark abgeflachte Larven
- klebrige Blätter durch starke Honigtau-produktion
- Besiedlung der Blätter mit Schwärze-pilzen

Obstbaumkrebs

Nectria galligena
Pilz

Steckbrief

Dieser Erreger infiziert und schädigt Triebe, Äste und auch den Stamm von Apfelbäumen. Die Infektionen erfolgen über Wunden der unterschiedlichsten Art (Hagel- oder Frostschäden, Schnittwunden, Blattstielnarben im Herbst nach dem Laubfall). Auf den befallenen Rindenpartien werden unterschiedliche Fruchtkörper- und Sporenformen gebildet, die den Pilz weiterverbreiten.

Symptome und Schadbild

Infektionen an jungen Trieben besitzen dunkle, eingesunkene Stellen. Bei einem umlaufenden Befall stirbt der darüber liegende Triebabschnitt ab. Krebsartige, mit einem meist deutlichen Wulstrand versehene Wucherungen an älteren Ästen oder am Stamm. Weißliche oder rötliche Fruchtkörperlager.

Vorbeugen und bekämpfen

Befallene Krebsstellen am Stamm bis ins gesunde Holz ausschneiden und entfernen. Geschädigte Triebe etwa eine Handbreite darunter abschneiden. Weniger anfällige Sorten pflanzen. Größere Schnittwunden mit Wundverschlussmitteln verstreichen. Keine überhöhte Stickstoffdüngung. Einsatz von Kupferpräparaten zum Laubfall.

Auf einen Blick

- krebsartige Wucherungen an Trieben
- bevorzugter Eintritt des Pilzes über Wunden und Verletzungen
- Fruchtkörper an den Wucherungen

Ganz nah dran

An den Befallsstellen bevorzugt im Sommer weißliche Fruchtkörperlager (Einzelgröße 1 – 2 mm), nahezu ganzjährig zudem deutlich rote Fruchtkörperansammlungen (Einzelgröße 0,5 mm).

Obstbaumminiermotte

Lyonetia clerkella
Schmetterling

Steckbrief

3 – 4 Generationen pro Jahr. Nach der Überwinterung unter der Borke von Stämmen fliegen ab April die ersten Falter. Nach der Paarung legen die Weibchen einzeln bis zu 60 Eier in kleine, mit einem Legebohrer angefertigte Taschen auf die Blattunterseite. Die nach etwa einer Woche schlüpfenden Larven bohren sich in das Blattgewebe ein und rufen Miniergänge hervor. Kopf und Beine der bis zu 8 mm langen, grünlichen Raupen sind deutlich braun. Nach einer Fraßzeit von 3 – 4 Wochen verlassen sie ihren Gang und verpuppen sich innerhalb von 2 Wochen in einem hängemattenartigen Gespinst auf der Blattunterseite.

Symptome und Schadbild

Schlangenförmige Miniergänge im Blatt. Ein geringer Befall von Einzelminen auf wenigen Blättern kann toleriert werden, ein stärkerer Befall führt aber zu Blattschäden.

Vorbeugen und bekämpfen

Abpflücken befallener Blätter vor dem Verlassen der Larven. Mechanische Zerstörung der Larven im Blatt sowie der Puppen auf der Blattunterseite. Einsatz von Insektiziden gegen die jungen Larven im Blatt.

Ganz nah dran

Die Flügelspannweite der Falter ist ca. 8 – 9 mm. Die mit Fransen versehenen Vorderflügel sind hell gefärbt und besitzen einen dunklen Fleck am Ende.

Auf einen Blick

- schlangenförmige Miniergänge im Blatt
- Überwinterung als Falter
- bis zu 4 Generationen pro Jahr

Obstbaumspinnmilbe

Panonychus ulmi
Spinnmilbe

Steckbrief

4–8 Generation pro Jahr. Überwinterung als Ei an Trieben und Ästen. Bedingt durch größere Ansammlungen fallen die einzeln nur etwa 0,2 mm kleinen zwiebelförmigen, deutlich rot gefärbten Eier rasch ins Auge. Die nur 0,4 mm langen, roten Spinnmilben besitzen einen ovalen Körper. Innerhalb weniger Wochen ist die erste Generation vollzogen und die Weibchen legen ihre etwa 30 Sommereier auf die Unterseite der Blätter ab. Daraus entwickelt sich die zweite Generation. Eine trocken-warme Witterung fördert das Auftreten.

Symptome und Schadbild

Durch die auf der Blattunterseite saugenden Tiere erhalten die Blätter eine helle Sprenkelung. Auf der Blattunterseite zeigt sich ein Gespinstgeflecht. Stärker befallene Blätter vertrocknen und fallen frühzeitig ab. Triebwachstum und Fruchtansatz werden vermindert.

Vorbeugen und bekämpfen

Keine überhöhte Stickstoffdüngung. Natürlich auftretende Raubmilben dezimieren das Vorkommen (Schonung durch Verzicht auf schwefelhaltige Pflanzenschutzmittel). Abtötung der Eier durch eine Austriebsspritzung. Einsatz spezieller Akarizide in der Vegetationszeit.

Auf einen Blick

- rot gefärbte Eigelege überwintern an Ästen
- Blattsprenkelung und feine Gespinste auf den Blattunterseiten
- trockenwarme Witterung fördert die Milbenentwicklung

Ganz nah dran

Die beim Austrieb schlüpfenden Larven sind, wie alle Stadien, rot gefärbt („Rote Spinne“), tragen jedoch nur drei statt vier Beinpaare.

Regenflecken- und Fliegenschmutzflecken-krankheit

Gloeodes pomigena, Schizothyrium pomi
Pilz

Steckbrief

Die krankheitsverursachenden Pilze überwintern an Trieben vom Apfel. Die gebildeten Sporen werden durch Wind und Wasserspritzer auf die Apfelfrüchte übertragen und zeigen 3 Wochen später erste Symptome. Erneut gebildete Sporen sorgen für die Infektion weiterer Früchte als auch Triebe, auf denen die Überwinterung erfolgt.

Symptome und Schadbild

Die Regenfleckenkrankheit äußert sich auf der Apfelfrucht durch zahlreiche verwaschene, grünlich-schwarze Flecken, die sich ausweiten und rasch die ganze Frucht überziehen können. Die Fliegenschmutzfleckenkrankheit zeigt eine Vielzahl sehr kleiner, rundlicher schwarzer Punkte, die konzentriert auftreten. Betroffen ist in beiden Fällen nur die äußere Fruchtschale. Ein Befall tritt häufiger bei schorfresistenten Apfelsorten auf, da hier die Fungizidspritzungen gegen den Apfelschorf entfallen, die aber sonst diese Pilze wirkungsvoll bekämpft haben.

Vorbeugen und bekämpfen

Vorbeugend auf eine lichte Krone achten, die wenig Feuchtigkeit hält. Mechanische Reinigung der Früchte bei geringem Befall. Vorbeugender Einsatz von Fungiziden.

Kommt auch vor an

Die krankheitsverursachenden Pilze treten meist gemeinsam auf. Sie überwintern auch auf einer Vielzahl anderer Ziergehölze und auf Beerenobst (Brombeere).

Apfel

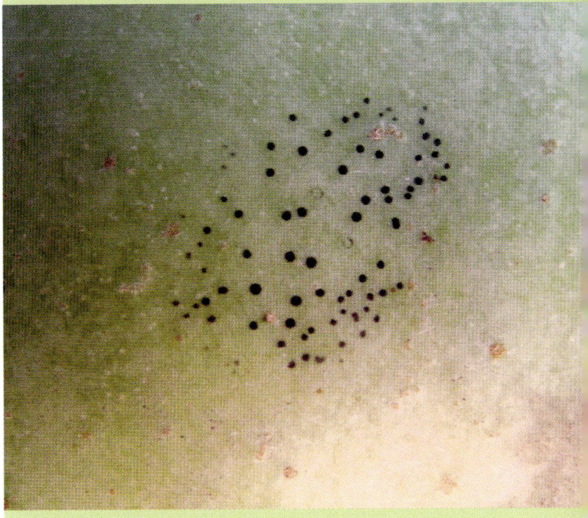

Auf einen Blick

- Fleckenbildung unterschiedlicher Art auf den Früchten
- verursacht durch nur außen auf der Schale sitzende Pilze
- häufiger bei schorfresistenten Apfelsorten

Birne

Birnenblattsauger

Cacopsylla-Arten
Blattsauger

Steckbrief

Je nach Art 1 – 4 Generationen pro Jahr. Den Winter verbringen die erwachsenen Blattsauger an geschützten Stellen im Boden oder in Borkenritzen. Die nur 0,5 mm großen Eier werden als kleine Gelege zum Knospenaufbruch an die Triebe, später auch auf die Blätter gelegt. Die schlüpfenden Larven saugen an den Pflanzen. Die erwachsenen Tiere saugen nur noch wenig an den Blättern. Sie suchen artabhängig bald ihre Winterquartiere auf oder durchlaufen noch bis zu 4 Generationen im Jahr.

Symptome und Schadbild

Durch die Saugtätigkeit der Larven kommt es zu Kräuselungen und Einrollungen der Blätter, Triebstauchungen und einem verminderten Fruchtansatz. Die Larven scheiden große Mengen an (klebrigem) Honigtau aus, der nachfolgend von Schwärzepilzen besiedelt wird. Birnenblattsauger sind Überträger des Birnenverfalls, einer gefährlichen Krankheit, die durch Phytoplasmen verursacht wird.

Vorbeugen und bekämpfen

Geschädigte Einzeltriebe frühzeitig entfernen. Weniger anfällige Sorten bevorzugen. Bekämpfung der erwachsenen Tiere zum Zeitpunkt der Eiablage durch Insektizide.

Auf einen Blick

- **Überwinterung als erwachsene Tiere in der Bodenstreu**
- **Saugtätigkeit der Larven führt zu Blattkräuselungen**
- **hohe Honigtauproduktion mit Schwärzepilzen (Rußtaupilzen)**

Ganz nah dran

Die 3 mm großen Birnenblattsauger sind anfangs noch grünlich, später deutlich braun. Sie besitzen vergleichsweise große, durchsichtige und dachartig abgelegte Flügel.
Die etwa 2 – 4 mm großen Larven sind stark abgeflacht und von ovaler Gestalt.

Birnengallmücke

Contarinia pyrivora
Gallmücke

Steckbrief

Eine Generation pro Jahr. Die Puppe überwintert im Boden. Ab etwa April schlüpfen die Gallmücken. Diese legen nach der Paarung mit Hilfe ihres langen Legebohrers ihre Eier in die noch geschlossenen Blüten. Innerhalb der sich entwickelnden Frucht wachsen meist etwa 20 Larven heran. Nach 4–6 Wochen verlassen die Larven die Früchte und wandern zur Verpuppung in den Boden.

Symptome und Schadbild

Befallene, junge Früchte haben eine auffällig kugelige, angeschwollene Form. Früchte ab einer Größe von etwa 2 cm verfärben sich deutlich schwarz, reißen teilweise auf und fallen frühzeitig ab. Zahlreiche Larven im Innern der Frucht.

Vorbeugen und bekämpfen

Absammeln und Entfernen der befallenen Früchte vor dem Verlassen der Larven (Reduktion des Befalls im Folgejahr). Bodenbearbeitung unterhalb der Bäume zur Puppenbekämpfung. Bevorzugt sehr früh oder sehr spät blühende Sorten pflanzen, um so eine Überschneidung mit der Flugzeit der Gallmücken zu vermeiden. Spritzung von Insektiziden kurz vor der Blüte.

Ganz nah dran

Die nur 3 mm großen Gallmücken sind dunkel gefärbt. Die kopf- und beinlosen weißen Larven werden bis zu 5 mm lang, sie können springen.

Auf einen Blick

- angeschwollene, schwarz gefärbte Früchte
- zahlreiche, kleine, beinlose Larven im Innern der Frucht
- Überwinterung als Puppe im Boden

Birne

Auf einen Blick

- Pilz mit einem Wirtswechsel von Birne zu bestimmten Wacholder-Arten
- Infektion der Birne erfolgt jedes Jahr aufs Neue
- Pilz überdauert langjährig im Wacholder

Birnengitterrost

Gymnosporangium sabinae
Pilz

Steckbrief

Die am Wacholder im zeitigen Frühjahr gebildeten Sporen werden mit dem Wind und Insekten auf die Blätter der Birnen übertragen. Nach der dortigen Ausbildung weiterer Fruchtkörper werden die zuletzt gebildeten Sporen wieder im Spätsommer auf Wacholderbüsche übertragen. Hier erfolgt nicht nur die Überwinterung, sondern der Wacholder bleibt zeitlebens vom Pilz infiziert. Die Birne muss jedes Jahr erneut infiziert werden, ihr Herbstlaub kann bedenkenlos kompostiert werden.

Symptome und Schadbild

Ab April spindelförmige Triebverdickungen mit Sporenlager am Wacholder. Ab Mai orange Flecken mit kleinen dunklen Punkten auf der Blattoberseite der Birnen, ab August warzenartige, gitterartig aufgerissene Fruchtkörper auf der Blattunterseite. Frühzeitiger Laubfall bei starkem Blattbefall.

Vorbeugen und bekämpfen

Großzügiger Rückschnitt befallener Wacholdertriebe. In isolierten, ländlichen Lagen kann eine Wacholderrodung die Birnenbäume vor einer Infektion schützen (nicht jedoch im städtischen Umfeld). Entfernung befallener Blätter der Birnen vor dem Sporenflug im Spätsommer (verhindert Wacholderinfektionen). Es werden nur bestimmte Wacholderarten befallen (Anfälligkeitslisten beachten). Weniger anfällige Birnensorten oder resistente Wacholder pflanzen. Fungizidspritzungen an Birne ab April (Sporenflug vom Wacholder).

Ganz nah dran

Am Wacholder bilden sich spindelförmige Triebverdickungen mit ausquellenden, braun gefärbten, 1 – 2 cm großen gallertartigen Sporenlagern.

Birnenknospenstecher

Anthonomus pyri
Käfer

Steckbrief

Eine Generation pro Jahr. Die Überwinterung erfolgt als Ei, in wärmeren Regionen auch als Larve in den Blütenknospen. Die Larven fressen die Knospen von innen her aus. Im Mai verpuppen sich die Larven in den Knospen, danach fressen die frisch geschlüpften Käfer noch für kurze Zeit an den Blättern. Den Sommer über ziehen sich die Käfer in Borkenritzen zurück. Ab September verlassen sie ihre Verstecke und fressen an Blatt- und Blütenknospen. Die Weibchen legen nach der Paarung jeweils ein Ei in eine Blütenknospe (etwa 20 Eier pro Weibchen), das überwintert.

Symptome und Schadbild

Durch den Fraß der Larven treiben die Blütenknospen im Frühjahr nicht aus und sind leicht angeschwollen. Im Innern ist eine Larve oder Puppe zu finden. Bei starkem Auftreten können auch mehrere Blütenknospen an einem Trieb geschädigt sein.

Vorbeugen und bekämpfen

Entfernen befallener Knospen vor dem Schlupf der Käfer. Abklopfen der Käfer im Herbst auf eine helle Unterlage und absammeln. Einsatz von Insektiziden etwa im September, wenn die Käfer ihre Sommerlager verlassen haben.

Ganz nah dran

Die beinlosen, stark gekrümmten, bis zu 7 mm großen weißlichen Larven tragen eine braune Kopfkapsel. Der braune Käfer mit langem Rüssel ist 5 mm groß und besitzt ein helles Band auf den Flügeldecken.

Birne

Auf einen Blick

- Überwinterung als Ei in den Blütenknospen
- Käfer verstecken sich im Sommer unter der Borke
- Entfernung der Knospen vor dem Käferschlupf

Birne

Auf einen Blick

- Blätter mit roten, später schwarz gefärbten, flächig auftretenden Pusteln
- Gallmilben überwintern unter Knospenschuppen
- Einzeltiere sind nur 0,2 mm groß

Birnenpockenmilbe

Eriophyes pyri
Gallmilbe

Steckbrief

Mehrere Generationen pro Jahr. Den Winter überstehen die Gallmilben unter den Knospenschuppen, in denen sie vor Witterungseinflüssen und Feinden geschützt sind.
Die weißlichen Tiere sind nur 0,2 mm groß, von wurmförmiger Gestalt und besitzen zwei vordere Beinpaare. Beim Austrieb besiedeln die Gallmilben die jungen Blätter und beginnen dort mit ihrer Saugtätigkeit. Bereits im Sommer verlassen die Tiere die Blätter und suchen ihre Überwinterungsquartiere auf.

Symptome und Schadbild

Durch die Saugtätigkeit werden auf den Blättern pockenartige Pusteln gebildet, in denen die Tiere gesellig auftreten und sich mittels Eier vermehren. Die Farbe der Pusteln verändert sich von unscheinbar Grün zu später deutlich Rot und dann Schwarz. Selten treten auch an Trieben und Früchten Gallen auf.

Vorbeugen und bekämpfen

Frühzeitige Entfernung befallener Blätter (vor dem Abwandern im Sommer). Einsatz geeigneter Akarizide beim Austrieb und vor der Blüte.

Nicht verwechseln!

Die Symptome können bei flüchtiger Betrachtung leicht mit denen des Birnenschorfs (Pilz) verwechselt werden.

Birnenschorf

Venturia pirina
Pilz

Birne

Steckbrief

Der Pilz überwintert wie der Apfelschorf im Falllaub als Fruchtkörper, zunehmend auch als Pilzgeflecht an Trieben („Grind"). An den Trieben bildet der Pilz bereits sehr früh Sporen, die bei feuchter Witterung zu einer Infektion der Blätter, später auch der Früchte führen. Die auf den neu infizierten Blättern gebildeten Sporen sorgen, unterstützt von Wind und Wasserspritzern, für eine weitere Ausbreitung.

Symptome und Schadbild

Auf der Blattunterseite bilden sich früh olivgrüne, samtartige Flecken, später dort dunkle Flecken auf der Blattoberseite. Hinweise auf Infektionen sind auch dunkle Flecken auf den noch grünen Trieben sowie blasige Auftreibungen an verholzten Trieben, dort überwintert der Pilz. Auf Früchten schorfige Verfärbungen, die je nach Intensität auch zusammenfließen können. Früchte reißen auf und verkrüppeln.

Vorbeugen und bekämpfen

Nutzung weniger anfälliger Birnensorten. Laub im Herbst entfernen. Rückschnitt der Überwinterungsstellen an den Trieben („Grind"). Ein lockerer Pflanzaufbau vermindert die Infektionsgefahr. Einsatz von Fungiziden bereits ab dem Austrieb.

Nicht verwechseln!

Die Symptome können bei flüchtiger Betrachtung leicht mit denen der Birnenpockenmilbe (Gallmilbe) verwechselt werden.

Auf einen Blick

- Pilz überwintert im Falllaub und an den Trieben
- Blätter und Früchte mit braunen, schorfigen Flecken
- Sporenverbreitung über Wind und Wasserspritzer

Birne

Birnentriebwespe

Janus compressus
Blattwespe

Steckbrief

Eine Generation pro Jahr. Die Larve überwintert im Trieb und verpuppt sich im Frühjahr, die erwachsenen Blattwespen fliegen etwa ab Mai. Sie sind von wespenähnlicher Gestalt, dunkel gefärbt, etwa 8 mm groß und besitzen einen rötlichen Hinterleib. Die Weibchen stechen spiralig die Spitze junger Triebe an und legen jeweils ein Ei in den Trieb. Im Innern des Triebes entwickelt sich die bis zu 10 mm große, helle Larve mit zurückgebildeten Beinen.

Symptome und Schadbild

Im Innern der welkenden Triebspitzen findet sich eine triebabwärts fressende, helle Larve. Unterhalb der geschädigten Triebspitze sind rund zwei Dutzend spiralig angeordnete, dunkel gefärbte Einstichstellen erkennbar.

Vorbeugen und bekämpfen

Ausschneiden der welkenden Triebspitze mit der darin befindlichen Larve: Kontrolle auf einen Larvenbesatz, da sonst auch andere Ursachen für das Schadbild möglich sind.

Auf einen Blick

- spiralige Anstichstellen an der Triebspitze
- umgeknickte, dunkel gefärbte Triebspitze
- minierende Larve in der Triebspitze

Nicht verwechseln!

Junge Triebspitzen welken nach einem Befall und färben sich schwarz. Dieses Schadbild ähnelt sehr dem der durch Bakterien hervorgerufenen Feuerbranderkrankung.

Feuerbrand

Erwinia amylovora
Bakterien

Birne

Steckbrief

Die Bakterien überwintern in eingesunkenen, braunen, teils rissigen Stellen („Canker") auf der Rinde. Bei feuchtwarmer Witterung setzt eine Vermehrung der Bakterien ein, die sich außerhalb der Triebe in Form schleimiger, bernsteinfarbener Tropfen äußert. Dieser Bakterienschleim wird durch Insekten (Bienen) und Vögel, aber auch Wasserspritzer und Wind übertragen. Nachfolgende Infektionen erfolgen bevorzugt über die Blüten und Triebe.

Symptome und Schadbild

Blätter und Blüten welken und verfärben sich rasch schwarz („Feuerbrand"), bleiben jedoch weiterhin am Baum haften. Junge Triebspitzen zeigen eine hakenförmige Krümmung („Krückstock"). Unreife Früchte werden schwarz und schrumpeln ein (Mumien).

Vorbeugen und bekämpfen

Meldepflichtige Krankheit. Abgestorbene Pflanzen roden und verbrennen (Rücksprache mit Pflanzenschutzamt). Rückschnitt infizierter Triebe im Winter bis ins gesunde Holz sowie Desinfektion der Schnittwerkzeuge (70%iger Alkohol, 20 Sekunden). Kein Einsatz von Pflanzenschutzmitteln möglich.

Kommt auch vor an

Feuerbrand tritt auch an Apfel und Quitte sowie an verschiedenen Ziergehölzen (etwa Weißdorn, *Cotoneaster*) auf. Feuchtwarme Witterung fördert die Ausbreitung.

Auf einen Blick

- meldepflichtige Bakterienerkrankung (Pflanzenschutzamt)
- Überdauerung in braun gefärbten Triebstellen („Cancker")
- schwarze Verfärbungen der Blätter und Blüten

Brombeergallmilbe

Acalitus essigi
Gallmilbe

Steckbrief

Mehrere Generationen pro Jahr. Die Milben überwintern unter den Knospenschuppen und in eingetrockneten Früchten. Im Frühjahr besiedeln sie zunächst Unterseiten und Stiele der Brombeerblätter und wandern dann auf die sich entwickelnden Blüten. Später saugen sie an den einzelnen Teilfrüchten. Zum Spätsommer hin sinkt die Vermehrungsrate deutlich ab, auch sterben viele Tiere.

Symptome und Schadbild

Die im Frühjahr besaugten Blätter haben eine feine Sprenkelung, blattunterseits finden sich die Gallmilben. Die Milben saugen bevorzugt an Teilfrüchten der Fruchtbasis. Die Teilfrüchte färben nicht richtig aus, bleiben rot und verhärten, zudem leidet der Geschmack deutlich.

Vorbeugen und bekämpfen

Entfernen geschädigter Früchte (Reduzierung des Befalls im Folgejahr). Frühreifende Sorten gegenüber spätreifenden bevorzugen. Sträucher an geschützten, warmen Lagen werden stärker befallen. Rückschnitt der Ranken zum Winter hin. Einsatz von Pflanzenschutzmitteln zur Vorblüte und Blüte.

Auf einen Blick

- Milben überwintern unter den Knospenschuppen
- Teilfrüchte färben sich ungleichmäßig aus
- Einzeltiere sind mit bloßem Auge nicht erkennbar

Ganz nah dran

Die Gallmilben sind nur 0,2 mm groß, von wurmartiger Gestalt und besitzen zwei vordere Beinpaare.

Brombeerrost

Phragmidium violaceum
Pilz

Steckbrief

Der Pilz überwintert im abgeworfenen Laub. Die im Frühjahr keimenden Wintersporen werden über Wasserspritzer und Wind verbreitet und führen zu einer ersten Infektion der Blätter. Über dort gebildete Sporen breitet sich der Pilz auf andere Blätter, Triebe und Pflanzen aus.

Symptome und Schadbild

Die Blattoberseiten der Brombeerblätter zeigen rötliche runde Flecken. Einzelne Befallsstellen fließen später zusammen und verbräunen. Blattunterseits bilden sich pustelartige Pilzsporenlager, die zu Beginn orange, später im Jahr deutlich rostfarben gefärbt sind. Ein starker Befall hat einen frühzeitigen Laubfall zur Folge. Neben den Blättern werden teilweise auch die Triebe mit vergleichbaren Symptomen befallen. Zudem kommt es zur Schwächung der Pflanze. Die zum Winter gebildeten Sporenlager sind schwarz gefärbt.

Vorbeugen und bekämpfen

Entfernen des Herbstlaubs zur Reduzierung des Befalls im Folgejahr. Entfernen der früh befallenen Blätter, um eine weitere Ausbreitung zu vermeiden. Einsatz von Fungiziden beim Auftreten der ersten Blattsymptome.

Kommt auch vor an

Ein Wirtswechsel auf andere Pflanzen erfolgt nicht. Der Pilz tritt ganzjährig, mit Schwerpunkt im Sommer, an der Brombeere auf.

Auf einen Blick

- Pilz überwintert im Herbstlaub
- Blattoberseite mit rötlichen Verfärbungen
- Blattunterseite mit pustelartigen, rostfarbenen Pilzsporenlager

Brombeere und Himbeere

Auf einen Blick

- Überwinterung als Ei auf den Ruten
- Blattkräuselungen und Deformationen
- Blattläuse können Viren übertragen

Himbeerblattlaus

Aphis idaei (Kleine Himbeerblattlaus)
Amphophora idaei
(Große Himbeerblattlaus)
Blattlaus

Steckbrief

Mehrere Generationen pro Jahr. Während die Eier der Kleinen Himbeerblattlaus bevorzugt im oberen Teil der Ruten abgelegt werden, finden sich die der Großen Himbeerblattlaus eher im unteren Teil. Die etwa ab März schlüpfenden Läuse besiedeln die Knospen und später die Blätter. Die Kleine Himbeerblattlaus tritt im Frühjahr in Kolonien auf, verteilt sich im Jahresverlauf aber rasch auf den Blättern. Die Große Himbeerblattlaus zeigt sich von Beginn an nur in kleineren Kolonien. Im Herbst erfolgt die Eiablage auf den Ruten.

Symptome und Schadbild

Intensive Blattkräuselung der jungen Blätter im Frühjahr, insbesondere bei der Kleinen Himbeerblattlaus. Deformationen der Triebspitzen. Häufiger Besuch von Ameisen, die den Honigtau der Läuse nutzen. Überträger verschiedener Viren („Himbeermosaik“).

Vorbeugen und bekämpfen

Sorten bevorzugen, die gegenüber den übertragenen Viren weniger anfällig sind. Austriebsbehandlung mit einem ölhaltigen Insektizid zur Bekämpfung der überwinternden Eier. Frühzeitige Spritzung gegen die schlüpfenden Läuse und ersten Kolonien.

Ganz nah dran

Die Kleine Himbeerblattlaus ist ca. 2 mm lang, die ca. 4 mm lange Große Himbeerblattlaus besitzt lange Beine und Fühler. Im Frühsommer treten geflügelte Tiere auf, die für eine weitere Ausbreitung sorgen.

Himbeerkäfer

Byturus tomentosus
Käfer

Steckbrief

Eine Generation pro Jahr. Die Käfer überwintern im Boden und treten ab Mai an den Blüten von Himbeere und anderen Rosengewächsen auf (Apfel, Birne, Weißdorn). Ab Juni legt das Weibchen bis zu 100 Eier an den Staubgefäßen der Himbeerblüten ab. Die Larven entwickeln sich innerhalb der ausgebildeten Früchte. Nach etwa 6 – 8 Wochen verlassen sie die Frucht und wandern zur Verpuppung in den Boden. Der Käfer schlüpft im Herbst, verbleibt jedoch bis zum Frühjahr im Boden.

Symptome und Schadbild

Fraßschäden der Käfer im Frühjahr an den Knospen und Blättern. In den Früchten befindet sich jeweils eine Käferlarve („Himbeerwurm“), die am Fruchtboden und den Teilfrüchten frisst.

Vorbeugen und bekämpfen

Bei Einzelpflanzen Abklopfen der Käfer auf eine weiße Unterlage. Vermeidung von schattigen Lagen. Herbsttragende Sorten bevorzugen. Abfangen der Käfer mit beleimten Weißtafeln. Früchte und die darin befindlichen Larven absammeln. Einsatz von Insektiziden zur Vorblüte und auch Blütezeit.

Ganz nah dran

Der bei warmem Wetter flugfreudige braune, behaarte Käfer ist etwa 5 mm lang. Die hellbräunlichen Larven mit dunklen Rückenplatten werden etwa 8 mm lang, tragen drei Beinpaare.

Auf einen Blick

- Käfer überwintert im Boden
- Larven („Himbeerwurm“) leben in Früchten
- herbsttragende Sorten bevorzugen

Brombeere und Himbeere

Himbeerrutengallmücke

Thomasiniana theobaldi
Gallmücke

Steckbrief

3 Generationen pro Jahr. Nach der Überwinterung im Boden verpuppen sich die Larven im Mai zu ausgewachsenen Gallmücken. Die Weibchen legen ihre Eier in Rindenrisse der einjährigen Ruten ab.
Innerhalb von 2 – 3 Wochen entwickeln sich die Larven unterhalb der Rinde. Dann verlassen sie die Ruten und wandern zur Verpuppung in den Boden, wo die Gallmücken der nächsten Generation schlüpfen.

Symptome und Schadbild

Die von den Larven besiedelten Rindenabschnitte verbräunen äußerlich. Die Schäden treten bevorzugt bis zu einer Rutenhöhe von 40 cm auf. Je nach Anzahl der geschädigten Rindenpartien kann es zum Absterben der Ruten führen. Die Rindenverletzungen sind zentrale Eintrittsstellen für eine Infektion der Himbeerrutenkrankheit (Pilz).

Vorbeugen und bekämpfen

Rückschnitt befallener Triebe. Abgetragene Ruten nach der Ernte abschneiden. Rissbildung und Triebverletzungen an Ruten vermeiden. Boden mulchen. Ausgewogene Düngung und Bewässerung. Einsatz von Insektiziden gegen die Weibchen zum Zeitpunkt der Eiablage, insbesondere bis zu einer Rutenhöhe von 40 cm.

Auf einen Blick

- Orangerote, beinlose Larven fressen unter der Rinde
- Verpuppung im Boden
- 3 Generationen pro Jahr

Ganz nah dran

Die nur 2 mm großen, rotbraunen Gallmücken besitzen durchsichtige Flügel und lange Beine. Die beinlosen, etwa 3 mm großen Larven sind orangerot gefärbt.

Himbeerrutenkrankheit

Didymella applanata,
Leptosphaeria coniothyrium
Pilz

Steckbrief

Die verursachenden Pilze überwintern an den Ruten. Im Frühjahr bilden sie Sporen, die an den Ruten für erste Infektionen sorgen. Allerdings sind eine feuchte Witterung sowie feine Verletzungen der Rinde (durch Himbeerrutengallmücke, Trockenheit, Frost) Voraussetzung für das Auftreten der Krankheit. Neu gebildete Sporen führen zu einer weiteren Ausbreitung.

Symptome und Schadbild

Von den Blattachseln und Knospen ausgehend verfärben sich Rindenstellen braun bis violett bei einer Rutenlänge von 20 – 40 cm. Die geschädigten Stellen reißen häufig auf und färben sich später silbrig-weiß. Geschädigte Ruten sterben ab oder brechen bei leichter Belastung bodennah ab.

Vorbeugen und bekämpfen

Verletzungen der Rinde vermeiden (ausgewogene Bewässerung und Düngung, Bekämpfung der Himbeerrutengallmücke). Geschädigte Ruten zurückschneiden oder vollständig entfernen. Weniger anfällige Sorten verwenden. Feuchte Bestände vermeiden (durch weiten Pflanzabstand, Unkrautbekämpfung, mulchen). Einsatz von Fungiziden zum Frühjahr vor der Blüte, teils auch zusätzlich nach der Ernte zur Befallsreduktion.

Ganz nah dran

Feine Verletzungen der Rinde sind Eintrittspforten für die Pilze, deren Fruchtkörper an befallenen Stellen in der Lupe als kleine, schwarze Punkte erscheinen.

Brombeere und Himbeere

Auf einen Blick

- Wunden und Verletzungen als Eintrittspforten für den Pilz
- Rindenverfärbungen, die später silbrigweiß sind
- Pilz überwintert an den Ruten

Erdbeere

Auf einen Blick

- Käfer überwintert in der Bodenstreu
- abgeknickte Knospenstiele mit herabhängender Knospe
- Larvenentwicklung innerhalb der eingetrockneten Knospe

Erdbeerblütenstecher

Anthonomus rubi
Käfer

Steckbrief

Eine Generation pro Jahr. Der etwa 3 mm lange, dunkle Käfer mit rüsselartig verlängertem Kopf überwintert unter Laubresten und im Boden. Nach der Paarung legt das Weibchen jeweils eines von bis zu 30 Eiern in eine noch geschlossene Blütenknospe. Anschließend nagt es den Blütenstiel direkt unter der Knospe an. In der eingetrockneten Knospe entwickelt sich eine gekrümmte, beinlose, weiße, bis zu 4 mm lange Larve mit einer braunen Kopfkapsel. Sie verpuppt sich nach etwa 2 – 4 Wochen innerhalb der Knospe. Der Käfer frisst im Sommer einzelne Löcher in Laubblätter.

Symptome und Schadbild

Blütenblätter im Frühjahr besitzen Fraßlöcher, die wie angestochen aussehen (auffälliger, aber vernachlässigbarer Schaden). Abgeknickte Knospenstiele, die noch eine herabhängende und zunehmend vertrocknete Knospe tragen. In den Knospen Nachweis von Larven oder Puppen. Einzelne Fraßlöcher an Laubblättern im Sommer.

Vorbeugen und bekämpfen

Absammeln der befallenen eingetrockneten Blütenknospen (vor dem Käferschlupf). Einsatz von Insektiziden zur Bekämpfung der Käfer vor dem Blühbeginn.

Kommt auch vor an

Neben Knospen von Erdbeeren können auch die Knospen von anderem Beerenobst sowie von Rosen befallen werden.

Grauschimmel

Botrytis cinerea
Pilz

Steckbrief

Der Pilz überwintert in abgestorbenen Blättern und Fruchtmumien, die am Boden liegen. Dort bilden sich im Frühjahr Sporen, die auf die Blüte übertragen werden. Feuchtwarme Bedingungen zur Blütezeit fördern das Auftreten erheblich. Bevorzugt werden bodennah hängende Früchte befallen.

Symptome und Schadbild

Betroffene Früchte verfärben sich braun, meist in der Nähe der Kelchblätter. Verfärbung kann sich rasch auf die ganze Frucht ausdehnen. Ausbildung von mausgrauem Pilzbelag auf Blättern, Früchten und Blattstielen, der bei Wind deutlich ausstäubt. Ältere Früchte werden weichfaul und wässrig. Auch andere Pilze können an den Früchten Pilzbeläge ausbilden, diese sind aber meist weißlich gefärbt (untere Abbildung).

Vorbeugen und bekämpfen

Absammeln von infiziertem Laub oder Früchten. Vermeidung einer überhöhten Stickstoffdüngung im Frühjahr. Kurz vor der Blüte Stroheinlagen auf den Boden, um so eine Abtrocknung zu fördern. Weniger anfällige Sorten bevorzugen. Weiter Reihen- oder Pflanzabstand. Keine Überkopfbewässerung zur Blütezeit am Abend. Luftige, sonnige Lagen bevorzugen. Einjährige Pflanzungen gegenüber mehrjährigen bevorzugen. Einsatz von Fungiziden zur Blütezeit.

Ganz nah dran

Im Frühjahr bilden sich Sporen, die von Wasserspritzern und Wind auf die Blüte übertragen werden. Sie rufen eine anfänglich unscheinbare Infektion hervor.

Erdbeere

Auf einen Blick

- bodennah hängende Früchte faulen bevorzugt
- mausgrauer Pilzbelag auf Blättern und Früchten
- Abtrocknung der Pflanzen fördern

Erdbeere

Echter Mehltau

Sphaerotheca macularis
Pilz

Steckbrief

Die Überwinterung kann sowohl als Pilzgeflecht an den grünen Blättern der Erdbeere erfolgen als auch (seltener) als Dauerkörper im abgeworfenen Laub. Ab einer Temperatur von 10 – 15 °C werden Sporen gebildet, die, vom Wind verbreitet, für erste Infektionen an den jungen Blättern sorgen. Von dort erfolgen weitere Infektionen der Blätter, Blüten und später auch der Früchte.

Symptome und Schadbild

Blätter verfärben sich rötlich, beginnend vom Blattrand auf der Blattunterseite, und weisen dort einen mehligen Belag auf. Zusätzlich rollen sich die Blätter längs zur Hauptader nach oben ein und vertrocknen. Neben Laubblättern können auch Blüten- und Blattstiele befallen werden. Unreif befallene Früchte werden hart, reife Früchte hingegen weich (teils auch mit Mehltaubelag).

Vorbeugen und bekämpfen

Weniger anfällige Sorten bevorzugen. Keine stickstoffbetonte Düngung im Frühjahr. Befallenes Laub entfernen. Warme, windgeschützte Lagen meiden. Einsatz von Fungiziden ab dem Blühbeginn und in regelmäßigen Abständen.

Auf einen Blick

- weißer, mehliger Belag auf den Blättern
- Blätter rollen sich nach oben ein und vertrocknen
- warme, windgeschützte Lagen meiden

Ganz nah dran

Bei den Früchten werden zuerst die kleinen Samenkörner („Nüßchen“) infiziert.

Rhizomfäule und Lederbeeren

Phytophthora cactorum
Pilz

Steckbrief

Der Pilz bildet Dauersporen (Oosporen) aus, die den Boden über mehrere Jahre verseuchen können. Der Pilz infiziert die Pflanze direkt oder deren Ausläufer über Wunden, gefördert durch Stresssituationen der Pflanze (mangelnde Wasserversorgung, hohe Temperaturen). Grundsätzlich kann eine Infektion ganzjährig erfolgen, bevorzugt aber im Juli und August. Pflanzen auf feuchten Böden sind besonders anfällig. Über die infizierten Rhizome, die der Pilz abtötet, dringt er auch weiter in die Wurzeln vor. Früchte werden über Spritzwasser infiziert.

Symptome und Schadbild

Die jüngsten Blätter (Herzblätter), später auch die älteren äußeren, beginnen zu welken, vertrocknen und verbräunen. Beim Versuch, Pflanzen aus dem Boden zu ziehen, reißen diese leicht am oberen Ende ab. Das Rhizom zeigt nach einem Längsschnitt eine großflächige, dunkelrote zungenartige Fäule, die sich deutlich vom gesunden Gewebe abhebt („Rhizomfäule“). Befallene Früchte sind ungenießbar und fühlen sich ledrig-gummiartig an („Lederbeeren“).

Vorbeugen und bekämpfen

Nasse Standorte meiden. Weniger anfällige Sorten bevorzugen. Befallenes Pflanzmaterial nicht kompostieren. Tauchen von Jungpflanzen in eine Fungizidlösung vor der Pflanzung.

Ganz nah dran

Die ersten Infektionen erfolgen im Frühjahr durch die Dauersporen im Erdreich, diese besitzen nur eine Größe von 20 – 30 µm (tausendstel Millimeter).

Erdbeere

Auf einen Blick

- Rhizom mit einer dunkelroten, großflächigen Fäule
- befallene Früchte sind ledrig und nicht genießbar
- Pilz überdauert mittels mikroskopisch kleiner Dauersporen im Boden

Erdbeere

Auf einen Blick

- einheitlich rot gefärbte Blattflecken
- Pilz überwintert im abgestorbenen Laub
- Früchte bleiben symptomlos

Rotfleckenkrankheit

Diplocarpon earliana
Pilz

Steckbrief

Auf abgestorbenem Pflanzenmaterial übersteht der Pilz den Winter. Die zum Frühjahr gebildeten Sporen werden mittels Wind und Wasserspritzer übertragen. Eine feuchtwarme Witterung und längere Blattfeuchtedauer fördert das Auftreten der Krankheit. Insbesondere in feuchten Frühjahren oder nach der Ernte tritt die Rotfleckigkeit meist stärker auf. Früchte bleiben befallsfrei.

Symptome und Schadbild

Die Blätter besitzen purpurfarbene, später bräunliche, bis zu 5 mm große Blattflecken, die teils zusammenfließen, aber im Zentrum stets rotbraun bleiben („Rotfleckigkeit", im Gegensatz zur sonst ähnlichen Weißfleckenkrankheit). Neben den Laubblättern können auch Kelchblätter, Blatt- und Fruchtstiele Schadsymptome zeigen.

Vorbeugen und bekämpfen

Abgestorbene und stark befallene Pflanzenteile entfernen. Weniger anfällige Sorten verwenden. Einjährige Pflanzungen gegenüber mehrjährigen bevorzugen. Weiter Reihen- oder Pflanzabstand. Keine überhöhten Stickstoffgaben im Frühjahr. Einsatz von Fungiziden, bevorzugt schon ab der Blüte.

Leicht zu verwechseln!

Häufig tritt an den Pflanzen neben der Rotfleckenkrankheit die in ihrer Biologie ähnliche Weißfleckenkrankheit auf. Ohne eine Rotfärbung im Fleckenzentrum ist eine sichere Trennung der beiden Pilze nur mikroskopisch möglich.

Weißfleckenkrankheit

Mycosphaerella fragariae
Pilz

Erdbeere

Steckbrief

Der Pilz übersteht den Winter auf abgestorbenem Pflanzenmaterial am Boden. Die zum Frühjahr gebildeten Sporen werden mittels Wind und Wasserspritzer übertragen. Eine feuchtwarme Witterung und längere Blattfeuchtedauer fördert das Auftreten der Krankheit. Infektionen der Blätter können ganzjährig auftreten. Früchte bleiben befallsfrei.

Symptome und Schadbild

Die Blätter, insbesondere die älteren, bilden bis zu 4 mm große rötliche Einzelflecken aus, die sich im Laufe der Zeit im Zentrum grau bis weiß verfärben („Weißfleckigkeit"). Die einzelnen Flecke können bei einem stärkeren Auftreten zusammenfließen und größere Blattteile einschließen. Neben den Laubblättern können auch Kelchblätter, Blatt- und Fruchtstiele Schadsymptome zeigen.

Vorbeugen und bekämpfen

Abgestorbene und stark befallene Pflanzenteile entfernen. Weniger anfällige Sorten verwenden. Einjährige Pflanzungen gegenüber mehrjährigen bevorzugen. Weiter Reihen- oder Pflanzabstand. Keine überhöhten Stickstoffgaben im Frühjahr. Einsatz von Fungiziden, bevorzugt schon ab der Blüte.

Leicht zu verwechseln!

Häufig tritt an den Pflanzen neben der Weißfleckenkrankheit die in ihrer Biologie ähnliche Rotfleckenkrankheit auf. Ohne eine Weißfärbung im Fleckenzentrum ist eine sichere Trennung der beiden Pilze nur mikroskopisch möglich.

Auf einen Blick

- rötliche Blattflecken mit später weißem Zentrum
- Pilz überwintert im abgestorbenen Laub
- Früchte werden nicht befallen

Haselnuss

Auf einen Blick

- Larve überwintert im Boden
- Eiablage des Käfers in die noch weiche Frucht
- Larvenentwicklung innerhalb der Haselnüsse

Haselnussbohrer

Curculio nucum
Käfer

Steckbrief

Eine Generation pro Jahr. Die Larve überwintert im Boden und verpuppt sich dort im Frühjahr. Ab Mai tritt der Käfer auf. Nach kurzem Fraß an den Blättern bohrt das Weibchen die noch weiche Frucht an und legt ein Ei ab (bis zu 50 Eier pro Weibchen). Die Larve ernährt sich von der Nuss. Nach 4 – 5 Wochen bohrt sich die Larve im August aus der Nuss und wandert zur Überwinterung in den Boden.

Symptome und Schadbild

Kleiner Lochfraß an den Blättern im Frühjahr durch die jungen Käfer. Helle Larve im Innern der äußerlich unversehrten, innen zerfressenen Haselnuss. Frühzeitig abgeworfene oder bereits am Boden liegende Haselnüsse im Sommer mit einem etwa 2 mm großen Ausbohrloch.

Vorbeugen und bekämpfen

Absammeln befallener Haselnüsse vor der Abwanderung der Larven in den Boden. Abklopfen der Käfer im Frühjahr auf eine weiße Unterlage. Weniger anfällige Sorten bevorzugen. Bodenbearbeitung im Winter um die Haselnusssträucher herum zur Larvenbekämpfung. Wiederholter Einsatz von Insektiziden im Mai bis Juni vor der Eiablage der Käfer.

Ganz nah dran

Der 8 mm lange, graubraune Käfer besitzt einen auffällig langen, gebogenen Rüssel. Die bis zu 10 mm lange beinlose Larve ist hell gefärbt und trägt eine braune Kopfkapsel.

Haselnussgallmilbe

Phytoptus avellanae
Gallmilbe

Steckbrief

Mehrere Generationen pro Jahr. Die Gallmilben überwintern gesellig in den kugelig angeschwollenen Knospen („Rundknospen", pro Knospe bis zu mehrere Tausend Tiere). Im Frühjahr wandern sie aus den Knospen und wandern nach einer kurzen, symptomlosen Besiedlung der Blätter in die neu angelegten Blatt- und Blütenknospen. Dort vermehren sie sich. Bei warmer Witterung kommt es im Herbst zu einer weiteren Auswanderung- und Neubesiedlungswelle.

Symptome und Schadbild

Bereits im Winter sind die rundlich angeschwollenen Knospen gut erkennbar. Diese treiben im Frühjahr nicht oder nur kaum aus und trocknen auch rasch ein. Im Innern der Knospen sind die Gallmilben erkennbar (Lupe). Schadsymptome an den Blättern oder Früchten treten nicht auf. Bei einem Befall der Blütenknospen können die weiblichen Knospen ganz absterben, die männlichen („Kätzchen") zeigen Deformationen und produzieren weniger Pollen.

Vorbeugen und bekämpfen

Die angeschwollenen Knospen vor dem Abwandern der Gallmilben bevorzugt im Winter entfernen. Einsatz von Pflanzenschutzmitteln zum Zeitpunkt der Wanderungsphase im Frühjahr, im Bedarfsfall zusätzlich im Herbst.

Ganz nah dran

Die nur 0,2 mm kleinen, wurmförmigen Gallmilben besitzen zwei vordere Beinpaare.

Haselnuss

Auf einen Blick

- rundlich angeschwollene Knospen im Frühjahr
- Knospen treiben nicht aus und vertrocknen
- Einzeltiere sind mit bloßem Auge nicht erkennbar

Haselnuss

Auf einen Blick

- Überwinterung als Ei an den Trieben
- Blätter mit punktuellen Saugstellen, die später aufreißen
- Früchte bleiben ohne Symptome

Haselnusswanze

Phylus coryli
Wanze

Steckbrief

Eine Generation pro Jahr. Die Überwinterung erfolgt als Ei an den jungen Haselnusstrieben. Im Frühjahr schlüpfen die Larven, die an Blättern, Knospen und Blüten der Haselnuss saugen. Nebenbei saugen sie auch Blattläuse und andere kleine Insekten aus. Die erwachsenen Wanzen legen im Sommer Eier, ab September sind keine Wanzen mehr auf den Sträuchern anzutreffen.

Symptome und Schadbild

Der Saugschaden an den Blättern führt anfangs nur zu punktförmigen Aufhellungen, die leicht nachdunkeln. Das Gewebe stirbt an diesen Stellen jedoch ab, sodass die Blätter beim weiteren Wachstum einreißen. Sofern an vielen Stellen am jungen Blatt gesaugt wurde, sind die älteren Blätter großflächig eingerissen und wirken auffällig zerfetzt. Dabei behalten sie ihre grüne Farbe.

Vorbeugen und bekämpfen

Sofern erforderlich (starker Befall im Vorjahr) junge Larven früh morgens im Frühjahr von der Pflanze abklopfen oder Einsatz von Insektiziden gegen die jungen Larven im Frühjahr; bevorzugt am frühen Morgen spritzen, da die Tiere dann noch recht träge auf der Pflanze sitzen.

Ganz nah dran

Die ungeflügelten, hellen Larven sind nur wenige Millimeter groß. Sie durchlaufen im Frühjahr 5 Stadien bis zur erwachsenen Wanze. Diese sind 5 mm lang, geflügelt und dunkel gefärbt.

Bakterienbrand

Pseudomonas-Arten
Bakterien

Steckbrief

Der Erreger überwintert in Rinde oder Knospen. Von dort aus werden im Frühjahr die jungen Blätter, manchmal auch Blüten und Früchte, infiziert. Ältere Blätter sind weniger anfällig und verlieren ihre Anfälligkeit zum Jahresende hin nahezu vollständig. Zum Herbst hin erfolgen wieder Infektionen der Blattnarben oder kleineren Wunden an den Trieben und am Stamm.

Symptome und Schadbild

Auf der Rinde werden dunkle, rissige Stellen ausgebildet, die teils zum Absterben ganzer Triebe führen können. Häufig tritt zusätzlich Gummifluss auf. Auf den Blättern bilden sich zahlreiche braune Blattflecken aus, die teilweise herausfallen und so einen „Schrotschusseffekt" zeigen (mögliche Verwechslungsgefahr mit der durch Pilze hervorgerufenen Schrotschusskrankheit). Befallene Früchte bekommen braune Flecken, die teils bis zum Fruchtfleisch auftreten. Blütenblätter verbräunen, befallene Knospen treiben nicht aus.

Vorbeugen und bekämpfen

Geschädigte Triebe herausschneiden. Ein Weißeln der Stämme reduziert das Infektionsrisiko im Herbst deutlich. Jeden die Pflanze schwächenden Faktor vermeiden (Düngung, Bewässerung, Bekämpfung anderer Schaderreger). Ein Einsatz von Pflanzenschutzmitteln ist nicht möglich.

Ganz nah dran

Die braunen Flecken auf den Blättern sind im Gegenlicht betrachtet von einem deutlich öligen, gelblichen Rand umgeben.

Kirsche

Auf einen Blick

- lokale Triebschäden mit zusätzlichem Gummifluss
- braune Blattflecken mit gelbem, öligem Rand
- Früchte mit braunen Flecken

Kirsche

Auf einen Blick

- Überwinterung als Ei an den Trieben
- schwarze, etwa 2 mm große Blattläuse
- Blätter rollen sich ein, Honigtau und Schwärzepilze folgen

Kirschenblattlaus

Myzus cerasi, Myzus prunavium
Blattlaus

Steckbrief

Mehrere Generationen pro Jahr. Die schwarz glänzenden Blattlauseier überwintern an den Trieben. Ab April schlüpfen die ersten schwarzen, etwa 2 mm langen Blattläuse, die rasch die Blattunterseiten und die Triebspitzen besiedeln. Während der Vegetationsperiode werden nur Weibchen lebend geboren, männliche Tiere sind nicht bekannt (parthenogenetische Vermehrung). Im Herbst legen sie Eier an die Triebe ab, die dort überwintern.

Symptome und Schadbild

Deutlich eingerollte Blätter, die unterseits von einer Vielzahl schwarzer Läuse besiedelt sind. Ein starker Triebbefall führt zum Verkümmern, teils auch zum Absterben der jungen Triebe. Verschmutzung der Blätter durch klebrigen Honigtau und Schwärzepilze. Ameisenbesuch.

Vorbeugen und bekämpfen

Förderung von Nützlingen (Marienkäfer, Florfliegen, Schwebfliegen). Anbringen von Leimringen um den Stamm im Frühjahr, die eine Zuwanderung der Ameisen reduzieren. Austriebsspritzung gegen die überwinternden Eier. Frühjahrsbehandlungen mit geeigneten Insektiziden.

Kommt auch vor an

Ein Teil der geflügelten Blattläuse wandert im Sommer auf krautige Pflanzen ab, etwa Labkraut oder Ehrenpreis. Zum Herbst hin wandern diese Läuse jedoch wieder zur Eiablage zurück auf die Kirsche.

Kirschenblattwespe

Caliroa cerasi
Blattwespe

Kirsche

Steckbrief
2 Generationen pro Jahr. Die Larven überwintern im Boden und verpuppen sich dort im Frühjahr. Ab Mai treten die ersten etwa 6 mm langen, glänzend schwarzen Blattwespen mit hellen, glasigen Flügeln auf. Jedes Weibchen legt bis zu 50 Eier einzeln in kleine Schlitze auf der Blattunterseite ab. Die trägen Larven fressen auf der Blattoberseite und wandern nach etwa 3 Wochen zur Verpuppung in den Boden, in dem auch die Larven der zweiten Generation überwintern. Neben Kirschen können auch Birnen befallen werden.

Symptome und Schadbild
Nacktschneckenartige, gelbe, mit dunklem Schleim bedeckte Larven auf der Blattoberseite. Aufgrund des Schabefraßes verbräunt die darunterliegende Schicht („Fensterfraß"), sodass die feine Aderstruktur sichtbar wird. Befallene Blätter werden braun und rollen sich nach oben ein.

Vorbeugen und bekämpfen
Absammeln einzelner Larven. Bei stärkerem Befall Rückschnitt von Trieben oder Blätter. Einsatz von Insektiziden während der frühen Larvenzeit.

Ganz nah dran
Die etwa 6 mm langen, tropfenförmigen Larven haben zehn unscheinbare Beinpaare. Ihre gelbe Farbe wird von einem glänzend schwarzen Schleim überdeckt.

Auf einen Blick
- Schabefraß der Larven auf der Blattoberseite
- nacktschneckenartige, bis zu 6 mm große Larven
- 2 Generationen pro Jahr

Kirsche

Kirschfruchtfliege

Rhagoletis cerasi
Fliege

Steckbrief

Eine Generation pro Jahr. Die gelbe Puppe überwintert im Boden. Ab Mitte Mai schlüpfen die Fliegen, die an den ersten Tagen Nektar aus den Nektarien der Kirschblätter saugen. Jedes Weibchen legt in jede Frucht, die sich gerade von Grün nach Gelb umfärbt, eines von bis zu 200 Eiern. Nach etwa 3 Wochen verlässt die Larve („Kirschmade") über ein Ausbohrloch die Frucht und wandert zur Verpuppung in den Boden. Neben der Europäischen Kirschfruchtfliege tritt seit kurzem auch die Amerikanische Kirschfruchtfliege (*Rhagoletis cingulata*) auf, die vor allem späte Süßkirschensorten und Sauerkirschen befällt.

Symptome und Schadbild

Meist in der Nähe vom Stielansatz befindet sich eine bräunliche Stelle. Im Innern der Frucht frisst eine beinlose Larve, oft in Kernnähe.

Vorbeugen und bekämpfen

Bevorzugung von frühen Sorten. Absammeln der Früchte vor der Larvenabwanderung. Kleinkronige Bäume mit Netzen einschließen. Aufhängen von klebrigen Gelbtafeln in die Baumkrone (Südseite) zum Flugtermin der Weibchen. Einsatz von Insektiziden zum Flugzeitpunkt der Weibchen.

Auf einen Blick

- weiße Larve frisst in der Kirsche („Kirschmade")
- Fliege mit gelbem, auffälligem Rückenschild
- Überwinterung als Puppe im Boden

Ganz nah dran

Die Fliege ähnelt einer Stubenfliege. Sie ist 4 mm lang, trägt ein gelbes Rückenschild, grüne Augen und dunkel gestreifte Flügel. Die beinlose, weiße Larve ist 6 mm lang.

Kirsche

Monilia-Spitzendürre

Monilia laxa
Pilz

Steckbrief

Der Pilz überwintert in den erkrankten Trieben oder auch in den am Baum hängenden, eingeschrumpelten „Fruchtmumien“. Die im Frühjahr gebildeten Sporen werden auf die Blüten mittels Wind und Insekten übertragen. Über die infizierten Blüten wandert der Pilz in den Trieb ein. Dort gebildete Sporen infizieren später die Früchte.

Symptome und Schadbild

Infizierte Blüten welken und verbräunen rasch, bleiben aber weiter am Trieb sitzen. An der Übergangsstelle zum gesunden Gewebe treten Gummitropfen hervor. Bei Sauerkirschen sterben die Triebe mit den Blüten über eine Länge von 20 – 40 cm ab („Spitzendürre“), bei der Süßkirsche sind oft nur einzelne Blütenbüschel betroffen.

Vorbeugen und bekämpfen

Rückschnitt infizierter Triebe bis ins gesunde Holz hinein. Entfernen der am Baum hängenden Fruchtmumien. Faulende Früchte rechtzeitig entfernen. Weniger empfindliche Sorten bevorzugen. Einsatz von Fungiziden nach dem Knospenaufbruch, wenn die Blütenblätter weiß werden.

Ganz nah dran

Infizierte Früchte bilden großflächige braune Faulstellen aus, die von einem konzentrischen graubraunen Sporenrasen bedeckt sind.

Auf einen Blick

- abgestorbene Triebspitzen und Blüten („Spitzendürre“)
- Überwinterung in Fruchtmumien und infizierten Trieben
- Einsatz von Fungiziden zur Blüte

Kirsche

Schrotschuss

Clasterosporium carpophilum
Pilz

Steckbrief

Im infizierten Rindengewebe und in den Blättern, seltener auch in den Früchten, überdauert der Pilz den Winter. Die Sporen werden im Frühjahr meist durch Spritzwasser auf Blätter, Blüten und später junge Früchte übertragen. Die Anfälligkeit der Blätter gegenüber einer Infektion nimmt mit dem Alter deutlich ab. Zum Sommer hin verstärkt Triebinfektionen.

Symptome und Schadbild

Geschädigte Triebe zeigen mehrere Millimeter große bräunliche eingesunkene Flecken, die darüber liegende Triebabschnitte zum Absterben bringen können. An den befallenen Triebabschnitten bilden sich häufiger Gummitropfen. Infizierte Blätter mit vielen rötlich braunen Flecken, die meist innerhalb von 2 Wochen aus dem Gewebe herausbrechen („Schrotschusseffekt“), meist im inneren, unteren Teil der Krone. Befallene Früchte mit dunklen eingesunkenen Flecken und Deformationen.

Vorbeugen und bekämpfen

Rückschnitt befallener Triebe. Entfernen betroffener Blätter. Auslichten der Krone zur Feuchtigkeitsreduktion. Wiederholte Spritzungen mit einem Fungizid ab Austrieb bis nach der Blüte.

Auf einen Blick

- Blätter mit rötlichen Flecken, die später herausbrechen
- Überwinterung bevorzugt im infizierten Rindengewebe der Triebe
- neben Kirsche auch an anderem Steinobst

Kommt auch vor an

Der Pilz schädigt nicht nur Kirsche, sondern tritt auch an anderem Steinobst (beispielsweise häufiger an Pfirsich) auf.

Sprühfleckenkrankheit

Blumeriella jaapii
Pilz

Kirsche

Steckbrief

Der Pilz überwintert im Falllaub. Die dort im Frühjahr gebildeten Sporen infizieren die jungen Blätter. Nach der Besiedlung werden weitere Sporen gebildet, die den Pilz weiter innerhalb der Krone oder auch auf benachbarte Pflanzen verbreitet. Eine feuchte Witterung fördert das Auftreten der Krankheit.

Symptome und Schadbild

Auf der Blattoberseite bildet sich ein feiner Belag kleiner rotbrauner Punkte aus, die wie aufgesprüht aussehen („Sprühfleckenkrankheit"). Stärker befallene Blätter verfärben sich rötlich, vergilben und fallen vorzeitig ab. Dies betrifft insbesondere untere Kronenabschnitte. Ein starker Befall führt zu einem geringeren Wuchs, Ertrag und Holzreife, die eine verminderte Frostresistenz bedingt. Früchte werden von diesem Pilz nicht infiziert.

Vorbeugen und bekämpfen

Absammeln des Herbstlaubs. Auslichtung der Krone zur Feuchtigkeitsreduktion. Fungizideinsatz nach dem Entfalten der Blätter im Frühjahr, bei feuchter Witterung auch noch nach der Blüte.

Ganz nah dran

Auf der Blattunterseite zeigen sich auffällig eckige, dunkle Blattflecken, die bei feuchter Witterung weißliche Sporenlager aufweisen.

Auf einen Blick

- **wie aufgesprüht erscheinende rötliche Blattflecken**
- **Pilz überdauert im Falllaub**
- **vorzeitiger Laubfall stark befallener Blätter**

Pfirsich

Kräuselkrankheit

Taphrina deformans
Pilz

Steckbrief

Der Pilz überwintert auf Trieben und in Knospenschuppen. Die zum Aufbruch der Knospen freigesetzten Sporen infizieren die ersten Blätter. Feuchte Witterung fördert das Auftreten der Krankheit. Ab Juni auf den Blättern gebildete Sporen gelangen wieder auf die Triebe, wo sie später überwintern. Später austreibende oder ältere Blätter werden nicht mehr infiziert.

Symptome und Schadbild

Die frisch ausgetriebenen Blätter zeigen blasige Auftreibungen, fleischige Verdickungen und Deformationen, die meist auffällig rötlich gefärbt sind. Etwa ab Juni bildet sich ein weißlicher Sporenbelag blattoberseits aus. Stärker befallene Blätter vertrocknen, fallen frühzeitig ab und führen teils zur Spitzendürre. Durch den Laubfall kommt es zur Schwächung der Pflanze, einem geringeren Blütenansatz und einer verminderten Frosthärte.

Vorbeugen und bekämpfen

Weniger anfällige Sorten bevorzugen. Entfernung befallener Blätter vor der Sporenentwicklung im Frühjahr. Wiederholter Einsatz von Fungiziden bereits ab dem Aufbrechen der Knospen, der witterungsbedingt schon im Januar liegen kann.

Auf einen Blick

- **im Frühjahr auftretende blasige, rot gefärbte Blätter**
- **Pilz überwintert auf den Trieben**
- **frühzeitiger Einsatz von Fungiziden sinnvoll**

Ganz nah dran

Neben den Blättern zeigen selten auch Früchte rötliche Wucherungen und werden früh abgestoßen.

Maulbeerschildlaus

Pseudaulacaspis pentagona
Schildlaus

Steckbrief

2 Generationen pro Jahr. Die kältetoleranten, etwa 2 cm langen, grauen Weibchen mit rundovalem Schild überwintern auf den Trieben. Im Frühjahr legen sie bis zu 150 Eier, aus denen die 1 mm großen, weißen Larven mit länglichem Schild schlüpfen. Zu Beginn breiten sie sich aktiv aus, später werden sie durch Insekten und Wind verbreitet. Bis zum Herbst schließt sich eine zweite Generation an. Im Juli und September fliegen auch die unscheinbaren Männchen.

Symptome und Schadbild

Am unteren Stamm- und Astbereich (teils auch auf der Blattunterseite) zeigen sich zur Vegetationszeit größere Ansammlungen von Larven, die von weitem wie mit Kalk oder Schnee bedeckt aussehen. Ein Befall führt zu vermindertem Wachstum, Blattvergilbungen und geringerem Ertrag bis zum Absterben.

Vorbeugen und bekämpfen

Rückschnitt von befallenen Einzeltrieben oder Blättern. Am Stamm auftretende Tiere mit einer Bürste mechanisch entfernen. Einsatz von Insektiziden speziell gegen die noch jungen Larven im Frühjahr.

Auf einen Blick

- **viele weiße Larven mit kleinen Schilden auf den Trieben**
- **Wachstumsdepression und Blattvergilbungen**
- **Überwinterung als Weibchen an den Trieben**

Kommt auch vor an

Neben Pfirsich tritt die Maulbeerschildlaus an Johannisbeere, aber auch an vielen Ziergehölzen auf.

Pflaume

Beutelgallmilbe

Eriophyes similis
Gallmilbe

Steckbrief

Mehrere Generationen pro Jahr. Die Gallmilben überwintern in Rindenritzen oder unter den Knospenschuppen. Zum Austrieb besiedeln sie die jungen Blätter, saugen am Pflanzengewebe und leben in den sich entwickelnden Gallen. Im Innern der Galle leben und vermehren sich im Lauf der Vegetationsperiode bis zu 200 Gallmilben. Neben den Blättern können auch Früchte befallen werden. Bereits ab dem Sommer verlassen die ersten Tiere ihre Quartiere und suchen die Überwinterungsplätze auf.

Symptome und Schadbild

Die Blätter besitzen charakteristische Beutelgallen in oft hoher Zahl, verstärkt entlang des Blattrands oder der Hauptader, oft aber auch großflächig. Zu Beginn noch unscheinbar grün gefärbt werden die Gallen später häufig gelblich bis rötlich. Stärker befallene Blätter zeigen zusätzlich eine Blattkräuselung. Befallene Früchte weisen kraterförmige Vertiefungen auf.

Vorbeugen und bekämpfen

Absammeln befallener Blätter und Früchte vor der Abwanderung der Tiere. Weniger empfindliche Sorten bevorzugen. Einsatz von Pflanzenschutzmitteln zum Austrieb.

Auf einen Blick

- Blätter mit einer Vielzahl kleiner Gallen
- Gallmilben überwintern unter den Knospenschuppen der Triebe
- Fruchtbefall ist ebenfalls möglich

Ganz nah dran

Die nur 0,2 mm kleinen Gallmilben sind von länglicher Gestalt und besitzen zwei vordere Beinpaare. Die einzelnen Gallen sind etwa 2 mm groß und oberseits geöffnet („Beutelgalle“), wobei die Öffnung selbst recht eng, wulstig und behaart ist.

Fleischfleckenkrankheit

Polystigma rubrum
Pilz

Steckbrief

In den im Falllaub befindlichen Fruchtkörpern überwintert der Pilz. Ab April werden Sporen ausgebildet, die mit Wind und Wasserspritzern auf die Blätter übertragen werden, diese infizieren und besiedeln. Die sich im Herbst entwickelnden Fruchtkörper überdauern im Falllaub und sorgen, den Winter über herangereift, im nächsten Jahr für neue Infektionen.

Symptome und Schadbild

Die für die Krankheit charakteristischen Flecken erreichen etwa einen Durchmesser von 7 mm, sind anfangs noch unscheinbar grüngelblich gefärbt, wandeln sich jedoch alsbald in ein deutliches Rot um („Rotfleckenkrankheit"). Die Flecken sind blattoberseits deutlich eingesunken und blattunterseits entsprechend ausgebeult. Die gebildeten, nur 0,2 mm großen Fruchtkörper sind als dunkles Punkteraster innerhalb der roten Flecken auf der Blattunterseite zu erkennen. Ein starker Befall bedingt einen frühen Laubfall und hat eine erhöhte Frostanfälligkeit zur Folge.

Vorbeugen und bekämpfen

Entfernung des Herbstlaubs. Einsatz von Fungiziden, wenn im Frühjahr die Sporen fliegen (etwa ab April).

Ganz nah dran

Die im Laufe des Sommers auf der Blattunterseite gebildeten Fruchtkörper mit ihren Sporen besitzen offenbar keine biologische Funktion.

Pflaume

Auf einen Blick

- Pilz überwintert im Falllaub
- rot gefärbte, etwa 1 cm große Blattflecken
- bei starkem Befall setzt früher Laubfall ein

Pflaume

Narren- oder Taschenkrankheit

Taphrina pruni
Pilz

Steckbrief

Der Pilz überwintert in einer für die Pflanze vergleichsweise harmlosen Form auf der Rinde. Die zur Blütezeit gebildeten Sporen infizieren bei feuchtem Wetter den Fruchtknoten. Die ab Juni außen auf der schon größeren Frucht gebildeten Sporen werden mit Wind auf Triebe von Pflaumen übertragen.

Symptome und Schadbild

Befallene Früchte besitzen ein stärkeres Wachstum, das zu einer langgestreckten, gekrümmten und flach zusammengedrückten Frucht führt („Bananenfrüchte"). Die bis zu 7 cm großen „Fruchtgallen" sind kernlos und besitzen ein hartes, saftloses Fruchtfleisch. Ab Juni bildet sich außen auf der Frucht ein weißlicher Sporenbelag. Im Laufe der Zeit verbräunen die Früchte und fallen vorzeitig ab. Vom Pilz befallene Triebe sind gekrümmt und verdickt.

Vorbeugen und bekämpfen

Entfernen der geschädigten Früchte vor der Sporenbildung. Baumanstrich (Kalkung) im Herbst. Einsatz von Fungiziden zur Blütezeit, insbesondere bei kühlem, regnerischem Wetter.

Auf einen Blick

- befallene Früchte sind bananenförmig deformiert
- weißer Sporenbelag auf den deformierten Früchten
- Pilz überwintert auf der Rinde

Kommt auch vor an

Neben Pflaume können auch Aprikosen, Mirabellen, Pfirsich, Schlehen und Traubenkirschen befallen werden.

Pflaumenrost

Tranzschelia discolor,
Tranzschelia pruni-spinosae
Pilz

Steckbrief

Der Pilz überwintert im Falllaub. Dort bildet er unterschiedliche Sporen: Meist werden die Sporen auf Anemonen oder Winterlinge übertragen, infizieren deren Blätter, bilden neue Sporen, die über die Luft auf Pflaumenblätter übertragen werden (Wirtswechsel). Andere auf dem Falllaub gebildete Sporen infizieren direkt die Pflaumenblätter. In beiden Fällen werden auf den Blättern der Pflaume neue Sporen gebildet, die wiederholt neue Pflaumenblätter infizieren.

Symptome und Schadbild

Befallene Anemonenblätter sind blassgrün, deformiert und bilden blattunterseits becherförmige Sporenlager aus. Die Pflaumenblätter zeigen auf der Oberseite oft erst ab Juni viele kleine gelbe Punkte, denen auf der Blattunterseite rostfarbene, später im Jahr dann schwarze Pusteln gegenüberliegen. Teils früher Laubfall. Früchte werden nur selten befallen.

Vorbeugen und bekämpfen

Entfernung des abgefallenen Herbstlaubs der Pflaume. Keine Duldung von Anemonen oder Winterlingen in der Nähe von Pflaumen. Einsatz von Fungiziden, sobald die ersten Blattflecken auf den Pflaumenblättern auftreten.

Kommt auch vor an

Neben Pflaumen kann der Pilz auch die Blätter von Mirabellen, Schlehen und Pfirsichen befallen.

Pflaume

Auf einen Blick

- rostbraune Pusteln auf der Unterseite der Pflaumenblätter
- Infektion der Blätter auch über befallene Anemonen
- Überwinterung im Falllaub

Pflaume

Auf einen Blick

- helle Larven in der Frucht
- vorzeitiger Fruchtfall (mit Stiel)
- Eine Generation pro Jahr

Pflaumensägewespe

Hoplocampa flava, Hoplocampa minuta
Blattwespe

Steckbrief

Eine Generation pro Jahr. Die Larve verpuppt sich nach der Überwinterung im Boden im Frühjahr. Ab April treten die ersten Blattwespen auf. Die kurzlebigen Weibchen legen ihre bis zu 70 Eier einzeln in die Kelchblätter. Die Larve bohrt sich in die junge Frucht ein, von der sie sich ernährt. Sie kann bis zu viermal die Frucht wechseln und wandert etwa im Juli in den Boden zur Überwinterung.

Symptome und Schadbild

Befallene Früchte zeigen ein kleines Einbohrloch, das häufig mit Kot und gummiartigen Ausscheidungen verstopft ist. Im Fruchtinnern befinden sich eine Larve und ihr schwarz gefärbter Kot. Verlassene Früchte weisen ein zusätzliches, dann größeres Ausbohrloch auf. Befallene Früchte fallen, wenn sie von den Larven verlassen worden sind, häufig vorzeitig ab, dann aber meist mit Stiel.

Vorbeugen und bekämpfen

Befallene Früchte mit den Larven absammeln. Ein Auftreten von Blattwespen lässt sich durch aufgehängte, klebrige Weißtafeln erfassen. Einsatz von Insektiziden zum Blühende.

Ganz nah dran

Die etwa 5 mm großen fliegenähnlichen Blattwespen haben glasige Flügel. Ihre Grundfärbung ist artabhängig gelblich oder schwarz. Die gelblich weißen Larven (Afterraupen) werden bis zu 11 mm lang, besitzen einen dunklen Kopf und drei Brust- sowie sieben Bauchbeinpaare.

Pflaumenwickler

Cydia (Laspeyresia) funebrana
Schmetterling

Steckbrief

2 Generationen pro Jahr. Nach der Überwinterung der Larve unter Borkenschuppen und ihrer anschließenden Verpuppung treten ab Mai die Falter auf. Die nachtaktiven Weibchen legen ihre Eier einzeln, bis zu 60 an der Zahl, auf die jungen Früchte. Die schlüpfende Larve (Raupe) dringt in die Frucht ein und frisst dort. Die Raupen der ersten Generation verpuppen sich anschließend am Boden, dem schließt sich eine zweite Generation an.

Symptome und Schadbild

Die befallenen Früchte besitzen ein Einbohrloch, das meist von einem glasigen Gummitropfen bedeckt ist. Im Innern sind die Larve und ihr krümeliger Kot anzutreffen. Am Boden liegende, abgeworfene Früchte besitzen, sofern die Larve die Frucht schon verlassen hat, ein etwa 2 mm großes Ausbohrloch.

Vorbeugen und bekämpfen

Absammeln befallener Früchte. Um den Stamm ab Juli Wellpappegürtel anbringen zum Fangen der überwinternden Larven. Stämme im Winter abbürsten. Einsatz von Insektiziden gegen Eier und Larven. Mit Pheromonfallen Bekämpfungszeitpunkt ermitteln, bewirken teilweise auch schon eine gewisse Befallsreduktion.

Ganz nah dran

Die graubraunen Falter haben eine Flügelspannweite von 14 mm. Die bis zu 12 mm langen, rötlichen Larven (Raupen) haben acht Beinpaare und einen dunklen Kopf („Pflaumenmade“).

Pflaume

Auf einen Blick

- befallene Früchte mit darin fressender Larve („Pflaumenmade“)
- Einbohrloch an der Frucht oft mit Gummitropfen versehen
- 2 Generationen pro Jahr

Pflaume

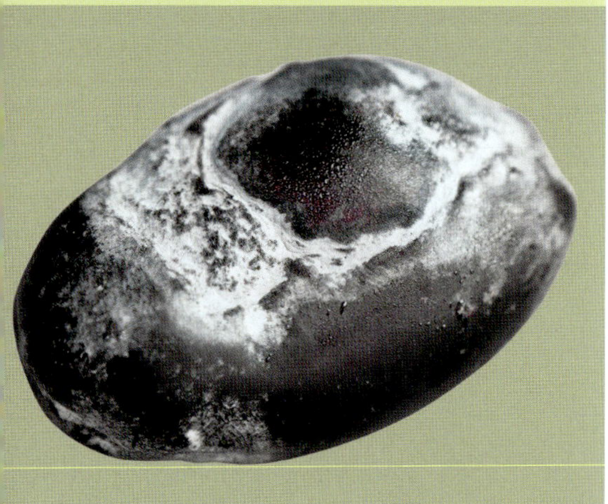

Scharka

Plum-pox-Virus (PPV)
Virus

Steckbrief

Das Virus wird von verschiedenen Blattlausarten (Mehlige Pflaumenblattlaus, Pfirsichblattlaus, Hopfenblattlaus etc.) innerhalb der Vegetationszeit übertragen. Insbesondere junge Bäume sind sehr anfällig gegenüber dieser Viruserkrankung.

Symptome und Schadbild

Befallene Blätter zeigen olivgrüne Flecken oder Ringe, die im Gegenlicht gut zu erkennen sind. Infizierte Früchte weisen ring- und linienförmige Furchungen auf, die einen teils pockenartigen Charakter haben („Pockenkrankheit"). Das darunter liegende Fruchtfleisch löst sich schlecht vom Stein, ist braunrot gefärbt und von zäher, gummiartiger Konsistenz. Die Früchte sind ungenießbar. Befallene Früchte fallen vorzeitig ab.

Vorbeugen und bekämpfen

Das Auftreten der Krankheit ist meldepflichtig (Pflanzenschutzamt). Erkrankte Pflanzen vernichten. Weniger anfällige Sorten bevorzugen, wobei resistente von fruchttoleranten Sorten zu unterscheiden sind. Letztere weisen bei einer Infektion Blatt-, aber keine Fruchtsymptome auf. Bekämpfung der virusübertragenden Blattläuse.

Auf einen Blick

- meldepflichtige Viruserkrankung (Pflanzenschutzamt)
- Blätter mit olivgrünen Flecken und Ringen
- Früchte mit pockenartigen Furchen

Kommt auch vor an

Das Scharkavirus ist die wichtigste Virose am Steinobst, auch Aprikosen und Pfirsiche können befallen werden. Schadsymptome treten an den Früchten und Blättern auf, weniger an den Trieben.

Blattfallkrankheit

Drepanopeziza ribis
Pilz

Steckbrief

Der Pilz überwintert am Boden im Falllaub. Die aus den im Blattinnern gelegenen Fruchtkörpern gebildeten Sporen infizieren ab Mai die Blätter der Johannisbeere. Gefördert werden diese Infektionen durch mäßig warme Bedingungen und feuchte Witterung. Dem schließen sich weitere Infektionen und die erneute Abgabe von Sporen an. Im Herbst bilden sich auf den abgefallenen Blättern die überwinternden Fruchtkörper.

Symptome und Schadbild

Ab Mai bildet sich auf den Blättern der meist unteren Blattetagen eine Vielzahl kleiner, verbräunter Punkte. Stärker befallene Blätter rollen sich am Blattrand nach oben ein, vertrocknen und fallen ab Juli auch ab (Name!). Der frühe Laubfall, teils bis zur vollständigen Entblätterung, schwächt die Pflanzen, auch reduziert sich dadurch ihre Frosthärte.

Vorbeugen und bekämpfen

Pflanzung weniger anfälliger Sorten. Entfernung des Herbstlaubs als wichtigste Maßnahme. Ein lockerer Strauchaufbau und sonniger Standort reduziert die Anfälligkeit. Insbesondere in feuchten Jahren sind wiederholte Spritzungen mit Fungiziden schon vor der Blüte sinnvoll.

Kommt auch vor an

Neben den Blättern werden teils auch Triebe, Blatt- und Fruchtstiele befallen, Früchte hingegen nicht.

Stachelbeere und Johannisbeere

Auf einen Blick

- Pilz überwintert im Falllaub
- bei starkem Befall früher Blattfall
- Früchte bleiben ohne Symptome

Auf einen Blick

- Überwinterung als Ei auf den Trieben
- blasenförmige, oft rötliche Auftreibungen der Blätter
- Tiere wandern im Sommer auf Ziest ab

Johannisbeerblasenlaus

Cryptomyzus ribis
Blattlaus

Steckbrief

Mehrere Generationen pro Jahr. Die glänzend schwarzen Eier werden meist auf unteren Trieben abgelegt. Daraus schlüpfen zum Austrieb die ersten, etwa 2 – 3 mm großen gelblich gefärbten Läuse. Diese besiedeln anfangs die Blattunterseite, bevorzugt die der Roten Johannisbeere. Bereits im Juni werden geflügelte Blattläuse ausgebildet, die auf Ziest (*Stachys*-Arten) abwandern und erst wieder im Herbst zur Eiablage auf die Johannisbeere zurückkommen (Wirtswechsel).

Symptome und Schadbild

Befallene Blätter im Frühjahr zeigen blasenförmige Auftreibungen, die rötlich (Rote Johannisbeere) oder gelblich (Schwarze und Weiße Johannisbeere) gefärbt sind. Auf der Blattunterseite sitzen die Blattläuse in Kolonien. Die Blattläuse können bestimmte Viren auf Johannisbeere übertragen. Auch Honigtau und Schwärzepilze (Rußtaupilze) sind begleitende Anzeichen für einen Befall mit der Johannisbeerblasenlaus.

Vorbeugen und bekämpfen

Rückschnitt oder Entfernen stärker befallener Blätter mit den Läusen. Förderung von Nützlingen (Marienkäfer, Florfliegen, Schwebfliegen). Einsatz von Insektiziden gegen die Eier oder jungen Blattläuse (auf gewissenhafte Benetzung der Blattunterseite achten).

Ganz nah dran

Später im Jahr bleiben die Symptome auf der Blattoberseite erhalten, auf der Blattunterseite sind jedoch keine Tiere mehr anzutreffen.

Johannisbeerglasflügler

Synanthedon tipuliformis
Schmetterling

Steckbrief

Eine Generation pro Jahr. Die in den ein- bis vierjährigen Trieben überwinternde Larve verpuppt sich im Frühjahr, sodass ab Mai die ersten wespenähnlichen Falter fliegen. Sie legen ihre Eier, bis zu 70 an der Zahl, meist einzeln in Knospen- oder Blattachselnähe ab. Die nach etwa einer Woche schlüpfenden Larven bohren sich in den Trieb ins Mark hinein. Die gelblich weißen, bis zu 2 cm langen Larven entwickeln sich und überwintern innerhalb ihres Miniergangs.

Symptome und Schadbild

Der dunkel gefärbte Miniergang der Larve führt zu Welke und Absterben der Triebe. Zudem steigt die Bruchgefahr und Frostgefährdung. Im Innern des Miniergangs befindet sich die triebabwärtsfressende Larve sowie reichlich dunkel gefärbter Kot. Die braun gefärbte, etwa 15 mm große Puppenhülle ragt im Frühjahr deutlich aus dem Trieb hervor.

Vorbeugen und bekämpfen

Rückschnitt befallener Triebe, bevor die Larven sich verpuppen. Einsatz von Insektiziden zum Zeitpunkt des Raupenschlupfs.

Ganz nah dran

Die Johannisbeerglasflügler besitzen einen dunklen Körper, dessen Hinterleib drei bis vier schmale, gelbe Ringe aufweist. Die vier Flügel mit einer Spannweite von 20 mm sind teils glasig durchsichtig („Glasflügler“).

Stachelbeere und Johannisbeere

Auf einen Blick

- Minierfraß der Larven in den Trieben
- Larve überwintert im Trieb
- Eine Generation pro Jahr

Stachelbeere und Johannisbeere

Auf einen Blick

- Gallmilben überwintern in den Knospenanlagen
- angeschwollene Knospen („Rundknospen“) zum Frühjahr
- Knospen treiben nicht aus, sondern vertrocknen

Johannisbeerknospen-gallmilbe

Cecidophyopsis ribis
Gallmilbe

Steckbrief

Mehrere Generationen pro Jahr. Gallmilben überwintern gesellig zu Tausenden in den kugelig angeschwollenen Knospen. Ab März verlassen sie die Gallen, wandern kurze Zeit auf den Blättern und Trieben umher und werden hier von Insekten, Wind oder Wasserspritzern verbreitet. Ende Juni besiedeln sie die neuen Knospenanlagen für das kommende Jahr.

Symptome und Schadbild

Insbesondere an Schwarzer Johannisbeere sind bereits im Winter die deutlich, bis zu einem Durchmesser von 15 mm angeschwollenen Knospen („Rundknospen“) augenfällig; an Roter Johannisbeere und Stachelbeere ist das Symptom weniger ausgeprägt. Ein Austrieb aus den befallenen Knospen findet nicht statt, sie vertrocknen und fallen im Jahresverlauf dann ab.

Vorbeugen und bekämpfen

Entfernen der Rundknospen im Winter vor der Auswanderung der Tiere. Wahl weniger empfindlicher Sorten. Einsatz von Pflanzenschutzmitteln im Frühjahr zur „Wanderzeit“ der Gallmilben.

Ganz nah dran

Die weißen wurmförmigen Gallmilben sind nur 0,2 mm groß und besitzen zwei vordere Beinpaare.

Johannisbeersäulenrost

Cronartium ribicola
Pilz

Steckbrief

Der Pilz überwintert in Trieben von fünfnadeligen Kiefern. Ab April durchbricht der Pilz die Rindenschicht und bildet orange blasenförmige Fruchtkörper aus („Kiefernblasenrost"), deren Sporen vom Wind auf die Blätter der Johannisbeere gelangen und diese infizieren. Die hier später gebildeten Sommersporen sorgen für eine weitere Verbreitung auf andere Blätter und Pflanzen. Ab August werden blattunterseits säulenartige Fruchtkörperanlagen gebildet („Säulenrost"), deren Sporen mit dem Wind auf die Kiefer übertragen werden.

Symptome und Schadbild

Ab Juni zeigen sich blattoberseits der Johannisbeere gelbliche Flecke, denen kurze Zeit später auf der Blattunterseite bräunlich gefärbte Sporenlager folgen. Stärker befallene Blätter fallen vorzeitig ab. Etwa ab August bilden sich blattunterseits etwa 1 – 2 mm große, säulenartige Gebilde aus.

Vorbeugen und bekämpfen

Nähe zu fünfnadeligen Kiefern meiden. Pflanzung wenig anfälliger Sorten. Vorbeugend befallene Blätter entfernen. Einsatz von Fungiziden zum Infektionszeitpunkt im April / Mai, je nach Auftreten auch in den Sommermonaten.

Kommt auch vor an

Die Weymouthskiefer (*Pinus strobus*) ist hochanfällig für den Befall mit diesem Pilz. Befallene Kiefern bleiben zeitlebens infiziert. Vermutlich kann der Pilz auch im Falllaub der Johannisbeere überwintern.

Stachelbeere und Johannisbeere

Auf einen Blick

- **Wirtswechsel mit fünfnadeligen Kiefern**
- **Vielzahl von gelben kleinen Flecken auf der Blattoberseite**
- **pustelartige, braune Sporenlager auf der Blattunterseite**

Stachelbeere und Johannisbeere

Gelbe Stachelbeerblattwespe

Nematus ribesii
Blattwespe

Steckbrief

3 – 5 Generationen pro Jahr. Nach ihrer Überwinterung im Boden verpuppen sich die Larven und die ersten gelb-schwarzen Blattwespen treten ab April auf. Diese sind 7 mm groß, von schlanker Gestalt und besitzen durchsichtige Flügel (Spannweite 15 mm). Die Weibchen legen ihre grünlich weißen Eier, bis zu 100, perlschnurartig entlang der Blattrippen auf der Blattunterseite ab. Die nach einer Woche schlüpfenden Raupen benötigen 3 – 4 Wochen für ihre Entwicklung und wandern zur Verpuppung in den Boden.

Symptome und Schadbild

Ab April sind die Eier auf der Blattunterseite gut erkennbar. Auffällig ist der Fraßschaden der Larven an den Blättern, der sich im frühen Jahresverlauf auf einen Lochfraß begrenzt, später jedoch in einen Skelettierfraß bis zum Kahlfraß übergeht. Neben den Blättern können auch die Beeren durch Fraß geschädigt werden.

Vorbeugen und bekämpfen

Blätter mit Eigelegen entfernen. Absammeln der Larven. Einsatz von Insektiziden gegen die jungen Larven.

Auf einen Blick

- perlschnurartige Eigelege auf der Blattunterseite
- teils massive Fraßschäden durch die Larven an den Blättern
- bis zu 5 Generationen pro Jahr

Ganz nah dran

Die bis zu 2 cm großen grüngelben Larven (Afterraupen) besitzen viele dunkle Warzen, einen dunklen Kopf und sieben Bauchbeinpaare.

Stachelbeere und Johannisbeere

Amerikanischer Stachelbeermehltau

Sphaerotheca mors-uvae
Pilz

Steckbrief

Im Regelfall überwintert der Pilz in den Knospenschuppen der Triebspitzen, selten auch zusätzlich als 0,1 mm große Fruchtkörper. Der junge Austrieb ist bereits infiziert, die darauf gebildeten Sporen sorgen für eine weitere Ausbreitung. Infektionen werden durch mäßig warme Bedingungen und eine höhere Luftfeuchtigkeit gefördert. Bereits zum Sommer hin befällt der Pilz die Knospenanlagen für das nächste Jahr und bildet später zu einem geringen Teil auch Fruchtkörper aus.

Symptome und Schadbild

Blätter, Triebe und Früchte sind von einem weißen, mehligen, später deutlich filzigen Pilzbelag überzogen. Zudem bilden sich später im Jahr kleine dunkle Punkte (Fruchtkörper) auf dem Pilzrasen. Befallene Früchte reifen nicht aus und sind ungenießbar. Infizierte Triebe sind im Wachstum geschwächt, teils verkrüppelt.

Vorbeugen und bekämpfen

Einsatz resistenter Sorten. Rückschnitt befallener Triebspitzen bereits im Winter. Windoffene Lagen bevorzugen, ebenso lockere Strauchform durch entsprechende Schnittführung. Keine erhöhte Stickstoffdüngung. Halb- und Hochstämmchen sind weniger anfällig als Pflanzen in Strauchform. Einsatz von Fungiziden zum Austrieb oder bei Befallsbeginn.

Kommt auch vor an

Auch Johannisbeeren können von dem Pilz befallen werden, Früchte hier allerdings nur selten.

Auf einen Blick

- Pilz überwintert in den Knospen
- mehlig-weißer Überzug auf Blätter, Triebe und Früchten
- Verwendung resistenter Sorten

Stachelbeere und Johannisbeere

Auf einen Blick

- Raupen überwintern im Falllaub
- gelblich weiße, schwarz gefleckte Raupe
- tritt heute nur noch selten auf

Stachelbeerspanner

Abraxas grossulariata
Schmetterling

Steckbrief

Eine Generation pro Jahr. Die Raupen überwintern im Falllaub und wandern zum Austrieb auf die Stachelbeerpflanzen. Sie verpuppen sich im Juni am Strauch in einem leichten, netzartigen Gespinst, sodass die nachtaktiven Falter ab Juli auftreten. Nach der Paarung legt das Weibchen bis zu 300 Eier in kleinen Gruppen blattunterseits in die Nähe der Blattadern ab. Die jungen Raupen wandern dann ab Oktober zur Überwinterung in den Boden.

Symptome und Schadbild

Ab dem Austrieb deutliche Fraßschäden durch die Raupen. Leichter Lochfraß durch die jungen Raupen im Spätsommer. Früher an Stachelbeere gefürchtet treten die Raupen heute nur noch selten auf.

Vorbeugen und bekämpfen

Absammeln der mit Eiern bestückten Blätter im Sommer. Entfernung des Falllaubs mit den darin befindlichen Larven. Absammeln der Raupen im Frühjahr und Spätsommer oder alternativer Einsatz von Insektiziden.

Ganz nah dran

Die gelblich weiße Raupe mit den schwarzen Flecken wird bis zu 3 cm lang groß, bewegt sich typisch wie andere Spannerraupen fort („Katzenbuckel“). Falter mit weißen Flügeln und schwarzen Punkten, gelbe Binde am Vorderflügel, Flügelspannweite 3 cm.

Marssonina-Blattfleckenkrankheit

Marssonina juglandis
Pilz

Steckbrief

Der Pilz überwintert in kleinen Fruchtkörpern, die sich im Falllaub oder in den Fruchtschalen am Boden befinden. Beim Austrieb bildet er Sporen, die insbesondere bei feuchtem Wetter die jungen Blätter infizieren. Bereits nach etwa 2 Wochen kommt es hier zur Bildung weiterer Sporen, die durch Wind und Wasserspritzer auf andere Blätter und Früchte übertragen werden und den Zyklus fortsetzen.

Symptome und Schadbild

Etwa ab Mai zeigen sich blattoberseits graubraune Flecken, blattunterseits bilden sich dunkle pustelförmige Sporenlager. Bei einem starken Befall kommt es bereits im Sommer zu einem starken Laubfall. Infizierte Früchte besitzen dunkle, nicht wässrige Flecken, die bei einer frühen Infektion auch den Kern erreichen.

Vorbeugen und bekämpfen

Herbstlaubentfernung sowie Absammeln befallener Früchte oder Fruchtschalen. Wiederholter Fungizideinsatz über mehrere Wochen ab dem Austrieb, insbesondere bei feuchter Witterung im Frühjahr. Ein lockerer Kronenaufbau fördert ein rasches Abtrocknen der Pflanze.

Ganz nah dran

Die graubraunen, leicht eckigen, bis zu 5 mm großen Flecken auf der Blattoberseite haben einen dunklen Rand. Sie werden auch größer, dunkeln nach und fließen zusammen. Grüne Triebe haben selten braune Verfärbungen.

Walnuss

Auf einen Blick

- Pilz überwintert im Falllaub
- eckige, graubraune Flecken auf der Blattoberseite
- Früchte besitzen dunkle, nicht wässrige Flecken

Walnuss

Walnussfilzgallmilbe

Eriophyes erineus
Gallmilbe

Steckbrief

Mehrere Generationen pro Jahr. Unter den Knospenschuppen überdauern die nur etwa 0,2 mm großen Tiere weitgehend unerkannt den Winter. Zum Frühjahr verlassen die Gallmilben ihre Winterquartiere und wandern auf die Blätter, auf denen sie durch ihre Saugtätigkeit Gallen induzieren, in denen sie leben. Bereits ab dem Sommer verlassen sie ihre Gallen wieder und besiedeln die Knospenschuppen, in denen sie dann auch überwintern.

Symptome und Schadbild

An den auf der Blattunterseite gelegenen Saugstellen der Gallmilben bilden sich als Folge blattoberseits recht große, deutlich beulige, teils rötlich gefärbte Gallen aus. Alle Blätter von einem Baum können befallen werden, Früchte bleiben jedoch befallsfrei. Das Schadbild ist optisch recht auffällig, der Schaden für die Pflanze ist jedoch meist zu vernachlässigen. Wachstum und Ertrag werden nicht oder nur gering beeinflusst.

Vorbeugen und bekämpfen

Entfernung der geschädigten Blätter vor der Abwanderung der Tiere im Sommer. Einsatz von Pflanzenschutzmitteln zum Austrieb der Blätter.

Auf einen Blick

- **beulige Gallen auf der Blattoberseite, unterseits filzig**
- **Früchte bleiben ohne Symptome**
- **Einzeltiere sind nur 0,2 mm groß**

Ganz nah dran

Auf der Blattunterseite an den Stellen, an denen die Gallen sind, stehen viele filzartige Haare dicht beisammen. Darin sind mit Hilfe einer Lupe die wurmförmigen Gallmilben in hoher Zahl erkennbar.

Walnussfruchtfliege

Rhagoletis completa
Fliege

Steckbrief

Eine Generation pro Jahr. Die etwa 3 mm große Puppe überwintert im Boden, ab Juni schlüpft die Fliege. Sie legt bis zu 400 Eier in kleinen Gruppen in die noch grüne Fruchtschale der Walnuss ab. Die Larven (Maden) leben zu mehreren in der Fruchtschale, bevor sie nach 3 – 5 Wochen Entwicklungszeit die äußere Hülle verlassen und in den Boden abwandern.

Symptome und Schadbild

Die Walnüsse werden zunächst bräunlich, verfärben sich aber rasch schwarz. Dabei wird die Fruchtschale weich und schleimig und lässt sich kaum von der verholzten Nuss lösen. Im Innern der Fruchtschale finden sich bis zu zehn der weißlichen Maden. Die weiterhin essbare Nuss und die Blätter zeigen keine Schadsymptome.

Vorbeugen und bekämpfen

Befallene Früchte absammeln. Früh reifende Sorten bevorzugen, um so einem Befall zu entgehen. Bodenabdeckung mit einem dichten Vlies vor dem Schlupf im Frühsommer verhindert eine Eiablage der Weibchen. Das Aufhängen von Gelbfallen in der Krone liefert einen Teilerfolg bei der Bekämpfung.

Ganz nah dran

Die 7 mm lange Walnussfruchtfliege ähnelt einer Stubenfliege, besitzt jedoch ein gelbes Rückenschild und Flügel mit schwarzen Querbändern. Die weiß-gelben, beinlosen Larven (Maden) werden bis zu 6 mm lang.

Walnuss

Auf einen Blick

- Überwinterung als Puppe im Boden
- Larven leben zu mehreren in der weichen Fruchtschale
- essbarer Samen bleibt ohne Symptome

Wein

Echter Mehltau

Uncinula necator
Pilz

Steckbrief

In den Knospen des einjährigen Holzes überwintert der Pilz als Myzel, zu einem geringen Teil auch in kugeligen Fruchtkörpern am abgefallenen Laub. Die austreibenden Blätter sind bereits vom Pilz befallen, bilden jedoch rasch neue Sporen, die weitere Blätter, Blüten (Gescheine) und Früchte infizieren. Förderlich sind trockenwarme Bedingungen am Tag im Wechsel mit Taunächten. Zum Sommer hin werden die Fruchtkörper ausgebildet und die jungen Knospen für die Überwinterung infiziert.

Symptome und Schadbild

Der Austrieb besitzt einen mehlig-weißen Pilzbelag („Zeigertriebe"). Die Blätter haben blattoberseits, häufig auch blattunterseits einen weißen, später bräunlichen Pilzbelag („Äscherich"). Vorzeitiger Laubfall stark befallener Blätter. Auch die Beeren sind von dem Belag überzogen, sie platzen später auf, sodass die Samen freigelegt werden („Samenbruch"). Auf den infizierten, später verbräunten Trieben sind dunkle Verfärbungen erkennbar („Oidiumfiguren").

Vorbeugen und bekämpfen

Verwendung mehltauresistenter Sorten. Entfernung der „Zeigertriebe" als erste Infektionsquelle. Keine überhöhte Stickstoffdüngung. Wiederholter Einsatz von Fungiziden ab dem Austrieb, spätestens beim Auftreten der ersten Blattsymptome.

Auf einen Blick

- **mehlig-weißer Belag auf den Blättern, später auch der Beeren**
- **Überwinterung insbesondere in den Knospen als Pilzgeflecht**
- **Verwendung resistenter Sorten**

Ganz nah dran

Bei einer Lupenbetrachtung zeigt sich der Belag vom Echten Mehltau in Form kurzer, unverzweigter Träger, an denen perlschnurartig die einzelnen Sporen sitzen.

Falscher Mehltau

Plasmopara viticola
Pilz

Wein

Steckbrief

Die Überwinterung erfolgt als mikroskopische Dauerspore innerhalb von Herbstlaub und eingeschrumpelten Beeren. Die zum Frühjahr gebildeten, in Wasser beweglichen Sporen werden mit Wind und Wasserspritzern, gefördert durch eine längere Blattnässedauer, auf die jungen Blätter übertragen und infizieren diese. Bereits nach 2 Wochen werden neue, andersartige Sporen gebildet, die zu einer raschen Infektion weiterer Blätter, Blüten (Gescheine) und später auch Früchte führen. Dieser Zyklus wiederholt sich mehrfach.

Symptome und Schadbild

Blattoberseits zeigen sich verteilt auftretende rundliche, gelb gefärbte ölige Flecken („Ölflecken"). Blattunterseits bildet sich an entsprechender Stelle ein weißlicher Pilzrasen. Die Blätter verbräunen und fallen bei einem stärkeren Befall ab. Bei einem späten Fruchtbefall schrumpfen diese als Folge deutlich ein und färben sich blauviolett („Lederbeeren").

Vorbeugen und bekämpfen

Anbau widerstandsfähiger Sorten. Konsequente Entfernung des Falllaubs und der eingeschrumpelten Beeren. Entfernung der ersten Blätter mit „Ölflecken". Insbesondere bei feuchter Witterung wiederholter Einsatz von Fungiziden ab dem Austrieb oder beim Auftreten der ersten Schadsymptome.

Ganz nah dran

Bei einer Lupenbetrachtung zeigt sich der Belag vom Falschen Mehltau in Form von deutlich baumartig verzweigten Trägern, an deren Enden jeweils eine einzelne Spore sitzt.

Auf einen Blick

- **Pilz überdauert im Herbstlaub und in infizierten Beeren**
- **zu Beginn blattoberseits gelegene, ölige gelbe Flecken**
- **weißlicher Pilzrasen auf der Blattunterseite**

Wein

Auf einen Blick

- pockenartige Gallen auf der Blattoberseite
- weißlicher Haarfilz auf der Blattunterseite
- Einzeltiere sind nur 0,2 mm groß

Rebenpockenmilbe

Eriophyes vitis
Gallmilbe

Steckbrief

5–7 Generationen pro Jahr. Die etwa 0,2 mm kleinen, wurmförmigen Gallmilben überwintern unter den Knospenschuppen. Zum Knospenaufbruch verlassen sie ihre Winterquartiere und besiedeln die jungen Blätter, teils auch die Blüte (Gescheine). Innerhalb der auf dem Blatt gebildeten filzigen Strukturen leben und vermehren sich die Tiere, verlassen diese jedoch im Spätsommer, um die neuen Knospenanlagen zu besiedeln, in denen sie auch überwintern.

Symptome und Schadbild

Blattoberseits bilden sich pockenartige, namensgebende zunächst leicht rötliche, später grünliche Gallen aus. Ein Blatt trägt meist zahlreiche dieser Gallen. Häufig sind nur die Blätter der unteren Blattetagen befallen. Befallene Blüten (Gescheine) verkümmern und bilden ebenfalls filzige Strukturen aus.

Vorbeugen und bekämpfen

Entfernung der mit Gallen besetzen Blätter vor dem Abwandern der Tiere im Spätsommer. Windoffene Lagen und ein lockerer Schnitt reduzieren das Auftreten. Einsatz von Pflanzenschutzmitteln zum Austrieb der Blätter.

Ganz nah dran

Auf der Blattunterseite zeigt sich an den Ausstülpungen der Gallen ein weißlicher, später bräunlicher Haarfilz, in denen die Gallmilben mit Hilfe einer Lupe schwach zu erkennen sind. Optisch ähnelt das Schadbild etwas dem des Falschen Mehltaus.

Roter Brenner

Pseudopezicula tracheiphila
Pilz

Wein

Steckbrief

Das Pilzmyzel überwintert im Falllaub. Bei guter Durchfeuchtung der Blätter bildet es im Frühjahr etwa 0,4 mm kleine Fruchtkörper aus, deren freigesetzte Sporen vom Wind verteilt werden und ab Mai die jungen Blätter infizieren. Die weitere Pilzentwicklung erfolgt im Blatt, wobei er bevorzugt die Wasserleitungsbahnen der Leitgefäße besiedelt.

Symptome und Schadbild

Die ersten Schadsymptome treten etwa ab Juni an den unteren Blättern auf, auf denen sich schwach gelbliche Flecken entwickeln. Diese Flecken vergrößern sich, werden im Laufe der Zeit von innen nach außen deutlich braun und die Blätter sterben ab. Neben Laubbefall können auch die Gescheine (Blüten) infiziert werden, die als Folge absterben und längere Zeit am Rebstock hängen bleiben.

Vorbeugen und bekämpfen

Vollständiges Absammeln des Herbstlaubs, um die einzige Infektionsquelle auszuschalten. Einsatz von Fungiziden, insbesondere bei feuchter Frühjahrswitterung und einem vorjährigen Befall, sobald sich drei Blätter am Trieb entwickelt haben.

Ganz nah dran

Anfangs sind die bis zu 3 cm großen Flecken schwach gelblich mit darin deutlich erkennbaren dunklen Blattadern. Diese Flecken verfärben sich bei weißen Rebsorten gelblich, bei roten Rebsorten rot.

Auf einen Blick

- **Pilz überwintert im Falllaub**
- **Fleckenbildung mit dunklen Blattadern**
- **kein erkennbares Pilzmyzel außerhalb des Blattes**

Schwarzflecken-krankheit

Phomopsis viticola
Pilz

Steckbrief

Der Pilz überwintert in den befallenen Triebpartien, wobei die zum Austrieb in Fruchtkörpern gebildeten Sporen mit Wind und Wasserspritzern auf Blätter und Triebe übertragen werden. In den Blättern und Trieben erfolgt die weitere Pilzentwicklung. Zur Überwinterung zieht der Pilz sich in die einjährigen Triebe zurück. Eine feuchte Frühjahrswitterung fördert das Auftreten der Pilzerkrankung.

Symptome und Schadbild

Infizierte Blätter besitzen eine Vielzahl schwarzer Flecken („Schwarzfleckenkrankheit"), die von einem deutlich gelblichen Rand umgeben sind. Die Blätter zeigen auch meist Deformationen über die ganze Blattfläche, auch reißt das Blattgewebe lokal auf. Blätter vergilben und fallen vorzeitig ab. Wenn die Flecken den Trieben umgürteln, stirbt der darüberliegende Triebabschnitt ab.

Vorbeugen und bekämpfen

Weniger anfällige Rebensorten bevorzugen. Entfernung geschädigter Triebabschnitte im Winter. Fungizideinsatz ab dem Austrieb insbesondere bei einer feuchten Witterung.

Auf einen Blick

- Pilz überwintert im Trieb
- infizierte Triebabschnitte sind im Winter weißlich gefärbt
- Blätter mit schwarzen, gelb umrandeten Flecken

Ganz nah dran

Befallene Triebabschnitte zeigen im Winter lokale, weißliche Flecken, die später eine größere Anzahl sehr kleiner dunkler Punkte (Pilzfruchtkörper) aufweisen.

Traubenwickler

Lobesia botrana, Eupoecilia ambiguella
Schmetterling

Steckbrief

2 Generationen pro Jahr. Die Puppe überwintert in Rindenritzen, die ersten Falter treten ab Mai auf. Sie legen ihre bis zu 100 Eier an die Blüten (Gescheine) der Weinrebe ab. Die Larven fressen an den Blüten und verpuppen sich nach einer mehrwöchigen Entwicklungszeit an der Pflanze, sodass die Falter der zweiten Generation im Juli fliegen. Diese legen ihre Eier an die Beeren ab, an denen die weitere Larvenentwicklung stattfindet, bevor die Larven zur Verpuppung an die Rinde abwandern.

Symptome und Schadbild

Raupen fressen an den Blüten (Gescheine) und spinnen diese zu einem Gespinst zusammen („Heuwürmer“). Ab Juli Fraß an den teils eingesponnenen Beeren mit Bohrlöchern sind mit Raupen besetzt. Die Beeren verbräunen und werden sauer („Sauerwürmer“).

Vorbeugen und bekämpfen

Kontrolle der Gescheine und Beeren auf Raupenbefall ab Mai und Juli. Einzelpflanzen im Winter auf Puppenbesatz prüfen. Einsatz von Insektiziden, bevorzugt gegen die jungen Raupen.

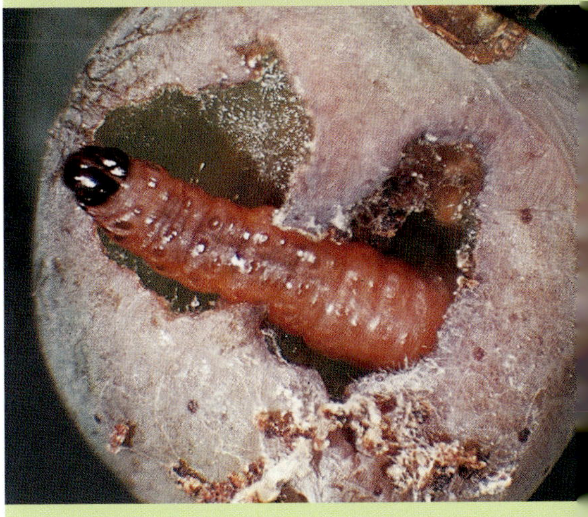

Ganz nah dran

Die Vorderflügel der Falter sind artabhängig gelblich mit einer Querbinde (Einbindiger Traubenwickler) oder bräunlich mit einem marmorierten Muster (Bekreuzter Traubenwickler). Die bis zu 10 mm langen Raupen sind artabhängig rötlich braun mit schwarzem Kopf oder gelbgrünlich mit einem hellbraunen Kopf.

Auf einen Blick

- Puppe überwintert in Rindenritzen am Rebstock
- Raupenfraß an den Gescheinen und später auch an Beeren
- 2 Generationen pro Jahr

Häufige Gartenplagen am Gemüse

Die Schaderreger in diesem Kapitel kommen nicht nur auf einer bestimmten Gemüseart vor, sondern können verschiedene Wirtspflanzen befallen. Bevor Sie einen Blick auf die Schaderreger im darauffolgenden nach Pflanzen sortierten Kapitel werfen, sollten Sie prüfen, ob nicht etwa einer der folgenden „Universal-Schaderreger“ für Ihr Schadbild verantwortlich ist.

Drahtwürmer

Verschiedene Arten
Käfer

Steckbrief

Mehrjährige Entwicklungszeit. An vielen Gemüsearten können die Larven der Schnellkäfer, die Drahtwürmer, Fraßschäden an den Wurzeln verursachen. Im Frühjahr legen die Käfer ihre bis zu 200 Eier in den Boden ab. Die drahtigen Larven durchlaufen artabhängig eine bis zu fünfjährige Entwicklungszeit im Boden. Sie ernähren sich anfangs noch von Humus, später von Pflanzenwurzeln. Die Larven besitzen einen hohen Feuchtigkeitsbedarf. Zum Winter wandern sie in tiefere, frostfreie Bodenschichten.

Symptome und Schadbild

Jungpflanzen welken. Im Boden finden sich meist mehrere der mehlwurmartigen Larven. Neben Fraßschäden an den Wurzeln tritt auch Minierfraß auf (Stängel, Knollen, Zwiebeln). An den Blättern rufen die Käfer einen geringen Lochfraß hervor.

Vorbeugen und bekämpfen

Kein Gemüseanbau nach Wiesen- oder Rasenumbruch. Förderung von Nützlingen (Laufkäfer). Auslegen von Kartoffelhälften oder Möhrenstücken als Köder oder auch gezielter Anbau von Salat als Fangpflanze. Einsatz von Insektiziden gegen die Larven.

Auf einen Blick

- Drahtwürmer sind die Larven der Schnellkäfer
- Schädigung durch die Larven häufig nach einem Wiesenumbruch
- Larven mit Kartoffelhälften ködern

Ganz nah dran

Die etwa 1 cm großen, schlanken, meist bräunlich gefärbten Schnellkäfer besitzen einen Schnellapparat (Name), mit dem sie aus einer Rückenlage hochspringen können. Die drahtigen Larven werden etwa 3 cm groß, sind zylindrisch, hellbraun gefärbt und besitzen drei kurze Brustbeinpaare.

Erdraupen

Agrotis-Arten
Schmetterling

Steckbrief

1 – 2 Generationen pro Jahr. Weit über 100 Pflanzen, darunter auch viele Gemüsearten, können von den Larven verschiedener Eulenfalter geschädigt werden. Nach der Überwinterung im Boden und der Verpuppung im Frühjahr erscheinen ab Mai die unscheinbar graubraunen nachtaktiven Falter. Nach der Eiablage an Unkräuter und Kulturpflanzen leben die ersten beiden Larvenstadien oberirdisch an den Pflanzen, während die weiteren Stadien lichtscheu im Boden leben oder nur nachts an die Erdoberfläche kommen.

Symptome und Schadbild

Im Frühjahr treten Fraßschäden an Blättern durch Raupen mit spannerartiger Fortbewegung auf. Die später in den Boden abwandernden Larven schädigen durch Wurzelfraß, der die Pflanzen oberirdisch welken und absterben lässt. Größere Schäden sind insbesondere in trockenwarmen Jahren möglich.

Vorbeugen und bekämpfen

Absammeln der Raupen an der Pflanze oder im Boden. Netzabdeckung zur Verhinderung einer Eiablage. Unkrautbekämpfung. Einsatz von Insektiziden oder parasitären Nematoden.

Ganz nah dran

Erdraupe ist ein Sammelbegriff für die Larvenstadien bestimmter Eulenfalter. Die bis zu 5 cm langen Larven rollen sich bei Störung kreisförmig ein. Während die jungen Stadien rotbraun gefärbt sind und sich spannerartig fortbewegen, sind die älteren eher graubraun.

Auf einen Blick

- **Erdraupen sind die Larven bestimmter Eulenfalter**
- **Larven rollen sich bei Gefahr ein**
- **ältere Larven fressen an Wurzeln**

Grauschimmel

Botrytis cinerea
Pilz

Steckbrief

Die Überdauerung erfolgt als Pilzmyzel in Ernteresten, aber auch mittels seiner Dauerkörper (Sklerotien). Die von ihm gebildeten Sporen werden mit dem Wind großräumig verbreitet. Grauschimmel ist ein Schwächeparasit, der unter für ihn günstigen Bedingungen größere Ausfälle zur Folge haben kann. Förderlich sind feuchte Bedingungen, ein dichter Pflanzenbestand und eine schlechte Nährstoffversorgung der Pflanzen.

Symptome und Schadbild

Grundsätzlich können alle oberirdischen Pflanzenteile Symptome in Form einer Fäule zeigen, die später von einem mausgrauen Sporenbelag, der bei Berührung oder Wind ausstäubt, überzogen wird. Früchte zeigen teilweise kreisförmige Ringe (Geisterflecken an Tomate). Auch am gelagerten Gemüse kann sich eine Fäulnis entwickeln.

Vorbeugen und bekämpfen

Vermeidung von Stresssituationen für die Pflanze. Ausgewogene Düngung, Entfernung von Ernteresten, kein dichter Pflanzabstand. Keine Überkopfbewässerung am Abend. Erkrankte Pflanzenteile frühzeitig entfernen. Ausreichendes Lüften im Gewächshaus. Einsatz von Fungiziden.

Auf einen Blick

- Pilz nahezu allgegenwärtig
- Schwächeparasit
- Ausbildung von grau gefärbtem Sporenbelag

Kommt auch vor an

Dieser Pilz ist nahezu allgegenwärtig, tritt auch an Obst, Zierpflanzen und Unkräutern auf. Temperaturoptimum 20 – 25 °C, wächst aber auch bei Temperaturen knapp über dem Gefrierpunkt.

Maulwurfsgrille, Werre

Gryllotalpa gryllotalpa
Schrecke

Steckbrief

Mehrjährige Entwicklungszeit. Schäden können an allen Gemüsearten vorkommen. Die Weibchen legen im Mai ihre bis zu 300 gelben Eier in ein taubeneigroßes Nest in eine Tiefe von etwa 30 cm. Die Larven benötigen 2 – 3 Jahre für ihre Entwicklung und legen oberflächennah verlaufende Gänge im Boden an. Larven und erwachsene Tiere fressen an den Wurzeln, ernähren sich aber auch von Insektenlarven im Boden. Sie verlassen nur zur Paarungszeit im Frühjahr den Boden.

Symptome und Schadbild

Sämlinge und Jungpflanzen werden durch Wurzelfraß sowie unterirdische Gänge geschädigt, da sie so den Bodenkontakt verlieren. Oberirdisch welken die Pflanzen. Die Aufwölbungen der Gänge sind gut zu erkennen. Insbesondere im Frühjahr zeigen sich die Tiere auch auf der Bodenoberfläche.

Vorbeugen und bekämpfen

Ausgraben der Nester im Frühjahr. Mit Hilfe von flach in den Boden eingegrabenen Gläsern, unterstützt durch aufgestellte Leisten, können die Tiere im Frühjahr abfangen werden. Einsatz von parasitären Nematoden gegen die erwachsenen Tiere.

Ganz nah dran

Die erwachsenen, braunen, urtümlich wirkenden Tiere werden etwa 5 cm groß, besitzen zu Grabbeinen umgebildete Vorderbeine, zwei Flügelpaare und zwei nach hinten gerichtete, fühlerartige Fortsätze.

Auf einen Blick

- Tiere wühlen oberflächennahe Gänge
- schädigen durch Wurzelfraß
- Bekämpfung mit Nematoden

Nacktschnecken

Verschiedene Arten
Weichtiere

Steckbrief

1–2 Generationen pro Jahr. Die Überwinterung erfolgt als Ei oder erwachsene Schnecke. Schnecken sind feuchteliebende Tiere, die eine wasserreiche Nahrung bevorzugen. Förderlich für einen Schneckenbefall sind feuchte Rückzugsgebiete, schwere Böden und milde Winter. Die häufigste Art im Garten ist die Spanische Wegschnecke.

Symptome und Schadbild

Nahezu alle Gemüsearten können geschädigt werden. Fraßschäden und schnurartige Kothaufen an meist bodennahen Blättern (Schabe- bis Lochfraß), die von einem glänzenden, eintrocknenden Schleim bedeckt sind. Ein Totalausfall von Sämlingen und Jungpflanzen ist möglich. Die Schnecken selbst lassen sich am besten am Abend nachweisen.

Vorbeugen und bekämpfen

Absammeln der Schnecken an den Pflanzen am Abend oder unter zuvor ausgelegten Brettern und Säcken. Umzäunen von Beeten mit einem Schneckenzaun. Förderung von Nützlingen (Laufkäfer). Verwendung von Laufenten im ländlichen Bereich. Feinkrümelige Bodenstruktur anstreben. Einsatz von Nematoden, insbesondere gegen Ackerschnecken. Aufstellen von Bierfallen. Ausstreuen von Schneckenkornprodukten (Molluskizide).

Auf einen Blick

- Schnecken sind dämmerungs- und nachtaktive Tiere
- Einsatz von Schneckenzaun oder Schneckenkorn
- Totalausfälle von Pflanzen sind möglich

Ganz nah dran

Die nachtaktiven Schnecken sind Zwitter, die sich gegenseitig den Samen übertragen. Die weißlich glasigen Eier sind mit bloßem Auge erkennbar und werden in kleinen Haufen in den Boden abgelegt.

Sclerotinia-Fäule

Sclerotinia sclerotiorum
Pilz

Steckbrief

Die Infektion erfolgt über das Pilzgeflecht oder mittels Sporen, die aus den in den Sklerotien (Dauerkörpern) sich bildenden schalenförmigen Fruchtkörper abgegeben und von Wind und Wasserspritzern verteilt werden.

Symptome und Schadbild

Charakteristisch für einen *Sclerotinia*-Befall ist die Bildung von einem teils großflächigen, weißen watteartigen Pilzgeflecht, in dem später die dunklen, verhärteten und bohnenförmigen Sklerotien gebildet werden. Symptome treten oft an den Blättern, Stängeln und Früchten auf. Bodennahe Organe werden durch einen zusätzlichen Bakterienbefall weichfaul.

Vorbeugen und bekämpfen

Infizierte Pflanzen zusammen mit den gebildeten Dauerkörpern entfernen (nicht kompostieren). Mehrjährige Fruchtfolge einhalten. Saatgutübertragung besitzt nur eine untergeordnete Bedeutung. Der Pilz kann im Boden bis zu 7 Jahre überdauern. Einsatz von pilzlichen Gegenspielern (*Coniothyrium minitans*). Vorbeugender Einsatz von Fungiziden.

Kommt auch vor an

Dieser Pilz tritt bei Gemüse bevorzugt an Salat, Gurke, Tomate, Petersilie, Sellerie, Bohne und Möhre auf. Daneben kann er auch viele Zierpflanzen und Unkräuter befallen.

Auf einen Blick

- weißes, flächig auftretendes Pilzmyzel
- Bildung von dunklen bohnenförmigen Dauerkörpern
- Pilz befällt nicht nur Gemüse

Weiße Fliege

Trialeurodes vaporariorum, Bemisia tabaci
Mottenschildlaus

Steckbrief

4 – 6 Generationen pro Jahr. Die tropischen Weiße Fliege-Arten treten im Gewächshaus an vielen Gemüsekulturen schädigend auf. Sie können im Sommer jedoch auch Pflanzen auf den benachbarten Freilandflächen befallen. Ihre bis zu 200 ovalen, nur etwa 0,2 mm kleinen Eier werden kreisförmig auf die Blattunterseite abgelegt. Die Larven saugen an den Pflanzen. Eine trockenwarme Witterung fördert die Entwicklung. Entwicklungsdauer bei 25 °C 3 – 4 Wochen.

Symptome und Schadbild

Vermindertes Wachstum und Blattvergilbungen durch den Nährstoffentzug. Teils massiver Überzug der Blätter mit klebrigem Honigtau, der nachträglich von Rußtaupilzen besiedelt wird, dadurch weitere Schwächung der Pflanzen. Auf der Blattunterseite sind alle Entwicklungsstadien anzutreffen. Bei Berührung der Pflanzen fliegen die erwachsenen Tiere kreisförmig auf.

Vorbeugen und bekämpfen

Erste befallene Blätter entfernen. Aufhängen von Gelbtafeln. Einsatz von Schlupfwespen im Gewächshaus (*Encarsia formosa*). Wiederholter Einsatz von Insektiziden (Behandlung der Blattunterseiten).

Auf einen Blick

- tritt bevorzugt im Gewächshaus auf
- weiß bemehlte erwachsene Tiere
- Ausscheidung von klebrigem Honigtau

Ganz nah dran

Die erwachsenen, geflügelten und sprungfähigen Tiere sind etwa 2 mm groß und deutlich weiß bemehlt. Nur das erste Larvenstadium ist frei beweglich, alle anderen sitzen fest.

Wintergetreidemilbe

Penthaleus major
Milbe

Steckbrief

2–3 Generationen pro Jahr. Dieser Schädling tritt erst seit einigen Jahren verstärkt auf und schädigt bei Gemüse insbesondere Salat, Sellerie, Erbsen, Spinat, Radies, Rettich und Petersilie. Die Tiere durchlaufen ein Larven- und drei Nymphenstadien und werden dabei stets dunkler. Zum Sommer hin legen die Weibchen bis zu 30 Eier in den Boden in Pflanzennähe ab. Erst im Herbst bei Temperaturen um 10 °C und einer hohen Feuchte schlüpfen die Larven. Innerhalb von 8 Wochen wird eine Generation vollzogen. Alle Entwicklungsstadien saugen an den Pflanzen.

Symptome und Schadbild

Die von den Milben besaugten, meist bodennahen Blätter, werden durch den nachfolgenden Eintritt von Luft teils flächig silbrig-weiß. Insbesondere am Morgen sind die auffällig schwarz-roten Milben mit ihren deutlich orangeroten Beinen zu sehen. Pflanzen im Gewächshaus werden bevorzugt befallen.

Vorbeugen und bekämpfen

Feuchte Kulturbedingungen vermeiden. Einsatz von Akariziden.

Ganz nah dran

Die erwachsenen, etwa 1 mm großen Tiere sind recht flink, bevorzugt in der Dämmerung und Nacht aktiv sowie bei wenig strahlungsreichem Wetter.

Auf einen Blick

- noch recht „neuer“ Schädling
- tritt bevorzugt im Gewächshaus auf
- Blätter werden flächig silbrig-weiß

Krankheiten und Schädlinge im Gemüsegarten

In diesem Kapitel lernen Sie die Schädlinge und Krankheiten kennen, die einzelne Gemüsekulturen befallen können. Die Pflanzen sind von Bohne bis Zwiebelgewächs in alphabetischer Reihenfolge angeordnet. Den richtigen Schaderreger finden Sie, wenn Sie bei der betreffenden Gemüseart nachschauen: Entweder Sie erkennen ihn anhand der Fotos oder finden ihn anhand des alphabetisch einsortieren Namens.

Bohne

Auf einen Blick

- Überwinterung als Ei an Gehölzen
- Läuse sitzen bevorzugt an der Triebspitze
- Honigtau mit nachfolgender Rußtaubildung

Schwarze Bohnenlaus

Aphis fabae
Blattlaus

Steckbrief

Bis zu 10 Generationen pro Jahr. Die Eier überwintern am Pfaffenhütchen oder Schneeball. Im Frühjahr entwickeln sich daraus einige Blattlausgenerationen. Ab Mai erscheinen geflügelte Formen, die auf Bohnen abwandern. Dort sitzen die Läuse dicht gedrängt an den Triebspitzen oder auf der Blattunterseite. Trockenwarme Witterung fördert die Entwicklung. Zum Herbst werden geflügelte Tiere gebildet, die auf die Gehölze zur Eiablage zurückfliegen.

Symptome und Schadbild

Aufgrund der Saugtätigkeit der Läuse rollen sich die Blätter häufig ein, die Triebe sind gestaucht, Blüten und Hülsen verkümmern. Auf dem reichlich gebildeten, klebrigen Honigtau siedeln sich Schwärzepilze an. Zusatzschäden durch die Übertragung von Viren.

Vorbeugen und bekämpfen

Nur vereinzelt auftretende, stark befallene Pflanzenteile entfernen. Schwächung der Pflanzen vermeiden (Düngung, Bewässerung). Förderung von Nützlingen (Marienkäfer, Florfliegen, Schwebfliegen). Bohnen nicht in unmittelbare Nähe von Schneeball oder Pfaffenhütchen pflanzen. Eine Vliesabdeckung verhindert eine Besiedlung. Eine frühe Aussaat ist weniger gefährdet. Frühzeitiger Einsatz von Insektiziden.

Kommt auch vor an

Die 2 mm großen, schwarzen Läuse wandern über den Sommer auch auf andere Pflanzen (Gemüse, Kräuter, Unkräuter).

Bohnenrost

Uromyces appendiculatus
Pilz

Steckbrief

Im Gegensatz zu vielen Rostpilzen tritt dieser ganzjährig nur an Bohnen auf. Die gebildeten Sporen können mit dem Wind mehrere hundert Meter übertragen werden. Gefördert wird der Pilz durch eine hohe Luftfeuchte und höhere Temperaturen, sodass er häufig auch erst im Spätsommer stärker auftritt. Die Überdauerung erfolgt im Bohnenlaub sowie an den Bohnenstangen.

Symptome und Schadbild

Zunächst weißliche Flecken auf der Blattunterseite mit blattoberseits gelblich erhabenen Stellen. Blattunterseits, aber auch auf den Hülsen bilden sich braune Sporenlager aus (Sommersporen), die für weitere Infektionswellen verantwortlich sind. Zum Herbst bilden sich dann dunkle, nahezu schwarze Sporenlager aus (Wintersporen). Befallene Blätter vergilben und fallen ab, die Pflanzen können auch absterben. Der Pilz wird nicht über Samen übertragen.

Vorbeugen und bekämpfen

Weniger anfällige Sorten bevorzugen. Ernterückstände im Herbst entfernen. Bohnenstangen mit Heißwasser behandeln (Schnüre bevorzugen). Kein zu enger Pflanzabstand. Einsatz von Fungiziden.

Kommt auch vor an

Dieser Rostpilz tritt bevorzugt an Stangenbohnen auf.

Bohne

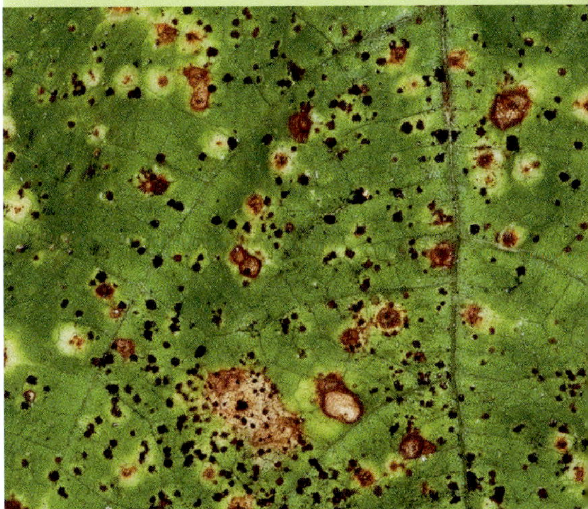

Auf einen Blick

- tritt nur an Bohne auf
- Ausbildung brauner Sporenlager auf der Blattunterseite
- Verwendung wenig anfälliger Sorten

Bohne

Bohnenspinnmilbe

Tetranychus urticae
Spinnmilbe

Steckbrief

Bis zu 7 Generationen pro Jahr. Im herbstlichen Falllaub oder in bodennahen Verstecken überwintern die roten, etwa 0,5 mm großen Weibchen („Rote Spinne"). Nach der Besiedlung von Unkräutern im Frühjahr (Brennnessel) werden auch Bohne, Gurke, Tomate und viele andere Pflanzen befallen. Die Vermehrung erfolgt über Eier. Gefördert werden die Spinnmilben durch trockene und warme Bedingungen (Gewächshaus).

Symptome und Schadbild

Ein Befall zeigt sich in Form kleiner, gelblicher Punkte, die sich rasch ausweiten. Blätter weisen dann eine bronzene bis silbrige Sprenkelung auf, sie vergilben und fallen teils auch ab. Blattunterseits sitzen die Milben gesellig in ihren Gespinsten, in denen alle Entwicklungsstadien anzutreffen sind.

Vorbeugen und bekämpfen

Vereinzelt stärker befallene Pflanzenteile entfernen. Besprühen von Pflanzen mit Wasser. Unkräuter in Kulturnähe entfernen. Laubentfernung zum Herbst. Verwendete Bohnenstangen mit heißem Wasser reinigen. Frühzeitiger Nützlingseinsatz im Gewächshaus (Raubmilben). Gezielter Einsatz von Akariziden.

Auf einen Blick

- Blätter mit silbriger Sprenkelung
- deutliche Gespinstbildung
- im Gewächshaus Raubmilben einsetzen

Ganz nah dran

Die während der Vegetation auftretenden Spinnmilben sind gelbgrün, besitzen acht Beine (die Larven nur sechs) und tragen auf dem Rücken zwei dunkle Pigmentflecken.

Brennfleckenkrankheit

Colletotrichum lindemuthianum
Pilz

Steckbrief

Insbesondere über infiziertes Saatgut oder auch erkrankte Erntereste vom Vorjahr gelangt der Erreger in den Garten, Buschbohnen sind dabei besonders gefährdet. Erste Schadsymptome zeigen sich schon an den Keimlingen, dort gebildete Sporen werden mit Wasserspritzern auf die Laubblätter übertragen, die den Zyklus fortsetzen und für Infektionen an weiteren Blättern und Hülsen sorgen. Über die Hülsen dringt der Pilz auch in die Samen vor, in denen er für Jahre überdauern kann. Eine kühlfeuchte Witterung fördert das Auftreten der Krankheit.

Symptome und Schadbild

Bereits auf den Keimblättern und später auf den Laubblättern, dort bevorzugt entlang der Blattadern, entstehen die typischen „Brennflecken". Ein starker Befall hat einen vorzeitigen Laubfall zur Folge, auch können ganze Pflanzen absterben.

Vorbeugen und bekämpfen

Nur gesundes Saatgut und widerstandsfähige Sorten verwenden. Auf Befallsflächen 3 Jahre lang keine Bohnen anbauen. Keine zu dichte Aussaat. Kein Saatgut von erkrankten Pflanzen verwenden. Einsatz von Fungiziden.

Ganz nah dran

Die eingesunkenen „Brennflecken" sind braun mit schwarzem Rand, sortenabhängig mit rötlichem Hof. Bei feuchter Witterung bilden sich darin rosa schleimige Sporenlager.

Bohne

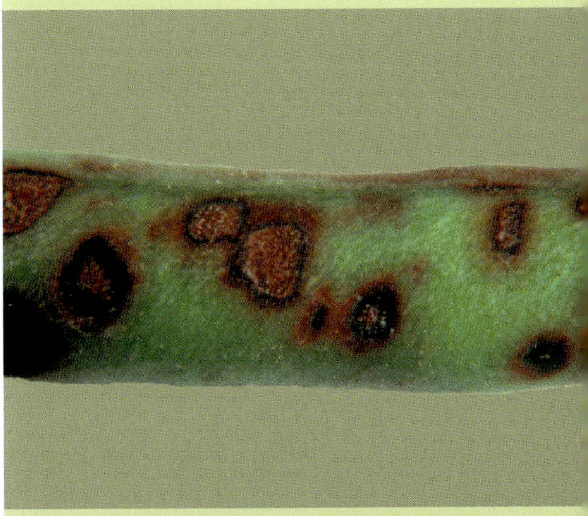

Auf einen Blick

- Buschbohnen sind besonders gefährdet
- Sporenverbreitung bevorzugt über Wasserspritzer
- Verwendung von gesundem Saatgut

Bohne

Auf einen Blick

- Hülsen besitzen glasige „Fettflecken"
- teils tritt weißlicher Bakterienschleim aus
- Verwendung von gesundem Saatgut

Fettfleckenkrankheit

Pseudomonas syringae pv. phaseolicola
Bakterien

Steckbrief

Die Einschleppung erfolgt über infiziertes Saatgut oder als bodenbürtiger Erreger über im Vorjahr auf dem Beet stehende erkrankte Bohnenpflanzen. Die Bakterien werden über Wind, Wasserspritzer oder auch Kontakt bei Kulturarbeiten übertragen. Eine feuchtwarme Witterung sorgt für eine rasche Ausbreitung.

Symptome und Schadbild

Befallene Blätter besitzen kleine, braune Flecken mit gelblichem, wässrig durchscheinendem Hof (bis zu 2 cm Durchmesser). Im weiteren Verlauf sterben die Blätter auch ab. Vermindertes Wachstum. Geringe Fruchtentwicklung. Die Hülsen besitzen rundliche, durchsichtig glasige „Fettflecken". Infizierte Samen haben rundliche, graubraune eingesunkene Flecken. Bei feuchter Witterung kann an infizierten Pflanzenteilen ein weißlicher Bakterienschleim auftreten, der später eintrocknet.

Vorbeugen und bekämpfen

Nur gesundes Saatgut und widerstandsfähige Sorten verwenden. Auf Befallsflächen 3 Jahre keine Bohnen anbauen. Keine Überkopfbewässerung. Erkrankte Einzelpflanzen frühzeitig entfernen. Kein Einsatz von Bakteriziden möglich.

Kommt auch vor an

Wichtigste Bakterienerkrankung an Bohne. Tritt insbesondere an Busch- und Feuerbohnen auf, Stangenbohnen bleiben meist verschont. Neben Blättern werden auch Triebe, Hülsen und Samen befallen.

Speisebohnenkäfer

Acanthoscelides obtectus
Käfer

Bohne

Steckbrief

Eine Generation pro Jahr. Der flugfähige Käfer tritt weniger im Freiland, sondern eher an gelagerten Bohnen auf. Anfangs ernährt er sich nur von Nektar, tritt ab Juni dann an Bohnenpflanzen auf. Die Weibchen legen ihre bis zu 90 Eier an die Samen der heranreifenden, insbesondere bodennahen Bohnenhülsen ab. Die Larven entwickeln sich im Samen. Im Freiland nur eine Generation pro Jahr, an gelagerten Bohnen (Zimmertemperatur) mehrere Generationen.

Symptome und Schadbild

Reife, gelagerte Bohnensamen haben ein oder meist mehrere, etwa 1 mm große, kreisrunde Ausbohrlöcher. Von außen erkennbare „Fenster“ sind die späteren Schlupflöcher der Käfer, im Innern sind noch die Larven und Puppen zu finden. Im Umfeld des befallenen Saatguts sind die kleinen Käfer zu finden.

Vorbeugen und bekämpfen

Keine Verwendung von befallenem Saatgut. Eine mehrtägige Lagerung von befallenem Saatgut in der Tiefkühltruhe tötet den Käfer und seine Entwicklungsstadien ab. Kühle Lagerung des eigenen Saatgutes (unter 12 °C).

Ganz nah dran

Der braune, nur etwa 3 mm große Käfer trägt eine weiß-gelbe Zeichnung auf den Flügeldecken. Die etwa 4 mm großen, hellen, beinlosen Larven besitzen eine dunkle Kopfkapsel.

Auf einen Blick

- Schädling an gelagerten Bohnen
- kreisrunde Ausbohrlöcher in den Samen
- Abtötung des Käfers in der Tiefkühltruhe

Bohne

Auf einen Blick

- geschwächte Pflanzen sind besonders anfällig
- Blätter und Hülsen mit auffälliger Sprenkelung
- auch Saatgut kann infiziert sein

Tüpfelkrankheit

Stagonosporopsis hortensis
Pilz

Steckbrief

Nach einer Überdauerung in Ernteresten, infiziertem Saatgut oder im Boden können bereits die Keimblätter erste Symptome aufweisen. Die hier gebildeten Sporen sorgen für weitere Infektionen der Blätter und Hülsen. Über die Hülsen werden später auch die Samen infiziert. Eine feuchte Witterung fördert das Auftreten der Krankheit. Gefährdet sind sowohl Busch- als auch Stangenbohnen, insbesondere solche, die bereits durch andere Faktoren geschwächt sind.

Symptome und Schadbild

Keim- und Laubblätter besitzen rundliche, dunkelbraune Flecken. Bei näherer Betrachtung sind konzentrische Ringe von Sporenlagern erkennbar. Neben diesen größeren Flecken treten viele kleine dunkle Sprenkel auf der Blattunterseite und den Hülsen, bevorzugt entlang der Hülsennaht, auf.

Vorbeugen und bekämpfen

Verwendung von gesundem Saatgut und weniger anfälligen Sorten. Laubentfernung zum Herbst. Optimierung der Kulturbedingungen (Bewässerung, Düngung) als wichtigste Maßnahme. Einsatz von Fungiziden.

Nicht verwechseln!

Die Symptome ähneln denen der Brennfleckenkrankheit (siehe Seite 111), wobei die Flecken der Tüpfelkrankheit eine farblich weniger ausgeprägte Randzone haben.

Grüne Erbsenblattlaus

Acyrthosiphon pisum
Blattlaus

Steckbrief

Bis zu 20 Generationen pro Jahr. Aus den an Luzerne und Rotklee (Winterwirt) abgelegten Wintereiern entwickeln sich bis etwa Mai einige Generationen ungeflügelter Blattläuse. Dann treten geflügelte Tiere auf, die auf die Erbse abwandern und dort bis in den Herbst zahllose Generationen bilden. Feuchtkühle Witterung vermindert die Entwicklung der Blattläuse. Zum Herbst hin auftretende geflügelte Tiere fliegen wieder zum Winterwirt zurück.

Symptome und Schadbild

Etwa ab Juni, wenn die Erbsen zu ranken beginnen, besiedeln die Blattläuse die Blätter, Blüten, Triebe und Hülsen, an denen sie saugen. Aus der Saugtätigkeit folgen Deformationen und verminderter Wuchs, auch können Pflanzen ganz absterben. Auf dem reichlich ausgeschiedenen klebrigen Honigtau siedeln sich rasch Schwärzepilze an. Die Läuse können auch verschiedene Viren auf die Erbse übertragen.

Vorbeugen und bekämpfen

Förderung von Nützlingen (Marienkäfer, Florfliege, Schwebfliege). Erbsen nicht in der Nähe von Luzerne anbauen. Frühzeitiger Einsatz von Insektiziden.

Ganz nah dran

Die grünlichen bis teils rosafarbenen Blattläuse sind 2 – 3 mm groß und besitzen körperlange Fühler. Eine Laus kann bei günstigen Bedingungen 10 lebende Nachkommen gebären.

Erbse

Auf einen Blick

- Überwinterung an Luzerne und Rotklee
- Besiedlung der Erbse etwa ab Juni
- Honigtau und Rußtaubildung auf den Blättern

Erbse

Erbsenblattrandkäfer

Sitona lineatus
Käfer

Steckbrief

Eine Generation pro Jahr. Die Käfer überwintern an geschützten Stellen, besiedeln ab einer Temperatur von 12–16 °C die Erbsen. Die ab April vom Weibchen während dem Blattfraß abgelegten Eier fallen auf den Boden, aus denen nach 2–3 Wochen die Larven schlüpfen. Sie verpuppen sich nach 8 Wochen im Boden zum Käfer. Die Entwicklung der Käfer wird durch trockenwarme Witterung gefördert. Die jungen Käfer fressen noch einige Zeit an den Blättern, um dann ihre Winterquartiere aufzusuchen.

Symptome und Schadbild

Blattrandfraß mit buchtenförmigen Fraßstellen durch die Käfer, die sich bei Störungen rasch fallen lassen. Fraß der Larven an den Wurzeln und Wurzelknöllchen, dadurch vermindertes Wachstum bis zum Absterben der Pflanzen. Neben Erbsen können auch andere Leguminosen befallen werden (Gartenbohne, Luzerne, Klee).

Vorbeugen und bekämpfen

Abdeckung junger Pflanzen zum Schutz vor dem Käfer. Ausreichende Stickstoffversorgung zur Kompensierung der Fraßschäden an den Wurzelknöllchen. Einsatz von Insektiziden gegen die Käfer.

Auf einen Blick

- Buchtenfraß der Käfer an den Blättern
- Larven fressen an den Wurzeln und Knöllchen
- Käfer überwintert

Ganz nah dran

Der braune, mit hellen Längsstreifen versehene, flugfähige Käfer ist etwa 5 mm groß. Die beinlosen, hellen Larven sind 5 mm groß, bauchwärts gekrümmt und besitzen eine braune Kopfkapsel.

Erbsengallmücke

Contarinia pisi
Gallmücke

Steckbrief

2 Generationen pro Jahr. Nach der teils auch mehrjährigen Überwinterung der Larven im Boden mit Verpuppung im Frühjahr treten etwa ab Mai die Gallmücken auf. Die Weibchen legen ihre bis zu 60 Eier an Blätter, Triebspitzen und Blütenknospen der Erbse ab. Die sich entwickelnden Larven saugen am Pflanzengewebe und wandern später zur Verpuppung in den Boden. Die dann schlüpfenden Mücken der zweiten Generation legen ihre Eier an die Hülsen ab, in denen sich die Larven entwickeln. Zur Überwinterung verlassen sie die Hülsen und wandern in den Boden.

Symptome und Schadbild

Wuchs- und Entwicklungsdeformationen der Blütenblätter, Triebspitzen, Blütenknospen und später auch der Hülsen. In den geschädigten Hülsen finden sich 40 und mehr Larven, die an der Innenwand und am Samen saugen.

Vorbeugen und bekämpfen

Abdeckung der Kulturen zur Vermeidung einer Eiablage. Kontrolle auf Blatt- und Blütendeformationen, Absammeln der beteiligten Larven. Bodenbearbeitung zur Larvenbekämpfung. Bevorzugung von frühblühenden Sorten. Einsatz von Insektiziden zum Zeitpunkt der Eiablage.

Ganz nah dran

Die erwachsen nur etwa 2 mm großen, gelblich gefärbten Gallmücken sind wenig flugaktiv. Die kopf- und fußlosen, hellen, 3 mm langen Larven können springen.

Auf einen Blick

- 2 Generationen pro Jahr
- Hülsen mit vielen hellen, sprungfähigen Larven
- teils mehrjähriges Überliegen der Larven im Boden

Erbse

Erbsenrost

Uromyces pisi-sativi, Uromyces viciae-fabae
Pilz

Steckbrief

An Erbse können zwei unterschiedliche Rostpilze auftreten, die trotz unterschiedlicher Biologie ähnliche Symptome aufweisen. Beide Pilze bilden in einem komplexen Zyklus fünf unterschiedliche Sporenformen aus. Bei einem Pilz werden alle, auch die kältetoleranten Wintersporen (überwintern im Herbstlaub), ausschließlich auf der Erbse gebildet. Beim anderen erfolgt ein Wirtswechsel auf ein Wolfsmilchgewächs (dort überwintern Sporen).

Symptome und Schadbild

Oft erst im Sommer Bildung von Pusteln mit ausstäubenden, braunen Sporen auf Blättern, Stängeln und Hülsen. Zu Beginn zeigen sich oft gelbliche Flecken auf der Blattoberseite. Zum Winter hin bilden sich pilzabhängig auch schwarze Pustellager aus. Auf den Ertrag hat der Befall nur vergleichsweise geringe Auswirkungen.

Vorbeugen und bekämpfen

Vorbeugend ist eine frühe Aussaat empfehlenswert. Pilzabhängig Laubentfernung zum Herbst oder räumliche Nähe zu *Euphorbia cyparissias* meiden. Bei wiederholten Schäden eventuell Einsatz von Fungiziden.

Auf einen Blick

- Bildung von braunen Sporenlagern
- je nach Pilzart ist ein Wolfsmilchgewächs beteiligt
- der Ertrag wird nur wenig beeinflusst

Kommt auch vor an

Der Wirtswechsel der einen Erbsenrostart findet auf ein Wolfsmilchgewächs (*Euphorbia cyparissias*) statt. Dort gibt der Pilz im Frühjahr Sporen ab, die vom Wind auf die Erbse übertragen werden.

Erbsenthrips

Kakothrips robustus
Thrips

Steckbrief

Eine Generation pro Jahr. Die glänzend orangen Larven überdauern im Boden in einer Tiefe von 20 – 30 cm. Nach der Verpuppung erscheinen die knapp 2 mm großen Thripse ab Ende Mai, besiedeln die Erbsen und saugen hier bevorzugt an den Blüten. Sie legen ihre Eier an die Blütenorgane, die schlüpfenden Larven saugen an Blüten und Hülsen. Gefährdet sind insbesondere spät ausgesäte Erbsenpflanzen. Gefördert werden die Thripse durch eine trockenwarme Witterung. Zum Herbst hin verlassen die Larven die Erbsen und wandern in den Boden ab.

Symptome und Schadbild

Die Schäden durch die Saugtätigkeit der Larven und erwachsenen Tiere zeigen sich insbesondere an den Hülsen und Blüten. Hülsen bleiben klein, sind gekrümmt und besitzen silbrig-weiße Flecken, die später verbräunen. Besaugte Blüten öffnen sich nicht und verkrüppeln teilweise.

Vorbeugen und bekämpfen

Erbsen bevorzugt früh aussäen. Kontrolle der Pflanzen auf Thripsbefall und frühzeitiger Einsatz von Insektiziden.

Ganz nah dran

Die dunklen, wurmförmigen Thripse besitzen zwei Paar schmale, mit deutlichen Borsten ausgestattete Flügel. An Erbse treten noch weitere Thripsarten auf (Blütenthrips, Frühjahrs-Ackerthrips).

Auf einen Blick

- Hülsen mit silbrig-weißer Sprenkelung
- Thripse überwintern als Larve im Boden
- Förderung durch trockenwarme Witterung

Erbse

Erbsenwickler

Laspeyresia (Cydia) nigricana
Schmetterling

Steckbrief

Eine Generation pro Jahr. Die Larve überwintert im Boden, verpuppt sich im Frühjahr, der Falter schlüpft ab Mai. Im Juni legen die Weibchen ihre weißen, scheibenförmigen Eier auf die Blattunterseite blühender Pflanzen. Die nach einer Woche schlüpfenden Larven fressen an den Blättern, bohren sich dann in die jungen Hülsen ein, in denen die weitere Entwicklung abläuft. Nach 3 Wochen bohrt sich die Larve aus der Hülse und seilt sich in den Boden zur Überwinterung ab.

Symptome und Schadbild

Die Samen in den Hülsen sind von den Larven angefressen und mit Kotresten und Gespinsten versetzt. Nachträglich kommt es zur Verpilzung des Hülseninnern. Geringer Blattfraß im Frühjahr durch die Larven.

Vorbeugen und bekämpfen

Erbsen bevorzugt in windoffenen Lagen anbauen. Frühe Aussaat zur Vermeidung einer Überschneidung mit der Hauptflugzeit der Falter im Juni. Abdeckung mit Netzen zur Verhinderung der Eiablage. Bodenbearbeitung zur Larvenbekämpfung. Einsatz von Insektiziden zum Flugzeitpunkt der Falter, zum Teil mittels Bestimmung durch Pheromonfallen.

Auf einen Blick

- **Larven fressen an den Samen in der Hülse**
- **Überwinterung als Larve im Boden**
- **frühe Erbsenaussaat anstreben**

Ganz nah dran

Der Falter besitzt bräunliche Vorderflügel mit einer weißlichen Zeichnung am Rand. Die gelblich weißen, bis zu 2 cm langen Larven haben ein braunes Kopf- und Nackenschild.

Erbse

Echter Mehltau

Erysiphe pisi
Pilz

Steckbrief

Der Pilz überdauert am Erbsenlaub in Form von kleinen, nur etwa 0,1 mm großen, rundlichen, dunkel gefärbten Fruchtkörpern. Die dort im späten Frühjahr abgegebenen Sporen sorgen für erste Infektionen an den Blättern, Stängeln und Hülsen. Erneut gebildete Sporen dienen der weiteren Ausbreitung und Infektionen. Eine trockenwarme Witterung mit Taunächten fördert das Auftreten der Krankheit („Schönwetterpilz").

Symptome und Schadbild

Erst spät auftretender weißer, mehliger Pilzbelag auf der Blattoberseite, Stängel und den Hülsen, der sich rasch gräulich verfärbt. Befallene Hülsen sind häufig gesprenkelt, wobei die unmittelbaren Befallsstellen leicht eingesunken sind. Blätter und Hülsen trocknen ein, verbräunen und verkrüppeln teilweise. Vermindertes Wachstum der Pflanzen.

Vorbeugen und bekämpfen

Frühe Aussaat der Erbsen. Verwendung von resistenten Sorten. Entfernung des Herbstlaubes. Einsatz von Fungiziden.

Nicht verwechseln!

Das Schadbild des Echten Mehltaus ist bei vielen Gemüsepflanzen bekannt. Trotz ähnlicher Symptome verbergen sich dahinter verschiedene Pilzarten. So ist der Erbsenmehltau z.B. nicht für den Mehltau an Gurken oder Tomaten verantwortlich.

Auf einen Blick

- weißer, mehliger Belag auf den Blättern
- Überwinterung im Herbstlaub
- Einsatz resistenter Sorten

Erbse

Falscher Mehltau

Peronospora viciae f. sp. pisi
Pilz

Steckbrief

Der Pilz überwintert als mehrere Jahre überlebensfähige Dauersporen im Pflanzengewebe, Boden oder auch am Saatgut. Nach der Infektion der Keimlinge bilden diese blattunterseits Sporen aus, die mit dem Wind oder Wasserspritzern verteilt werden und nachfolgende Infektionen an anderen Pflanzen hervorrufen. Ausreichend für eine Infektion ist eine Blattnässedauer von nur vier Stunden. Eine feuchtkühle Witterung fördert die Pilzentwicklung.

Symptome und Schadbild

Keimlinge haben einen verminderten Wuchs. Auf der Blattunterseite der vergilbenden Keimblätter bildet sich ein weißgrauer Sporenbelag aus. Laubblätter besitzen blattoberseits gelbliche Flecken, dem blattunterseits dann ein dunkler Sporenbelag folgt. Hülsen bilden dunkle Flecken aus.

Vorbeugen und bekämpfen

Entfernung des erkrankten Laubes. Wahl weniger empfindlicher Erbsensorten. Verwendung von gesundem Saatgut. Einsatz von Fungiziden, bevorzugt schon bei den Sämlingen.

Auf einen Blick

- Pilz überdauert in Pflanze, im Boden oder Saatgut
- weißgrauer Sporenbelag blattunterseits
- wenig empfindliche Sorten nutzen

Nicht verwechseln!

Trotz der Namensähnlichkeit zwischen Falschem Mehltau und Echtem Mehltau sind Biologie, Schadwirkung und Bekämpfung vollkommen unterschiedlich.

Eckige Blattfleckenkrankheit

Pseudomonas syringae pv. lachrymans
Bakterien

Steckbrief

Die insbesondere im Freiland auftretende Krankheit kann in Ernteresten im Boden oder infiziertem Saatgut überdauern. Über natürliche Öffnungen oder Wunden dringen die Bakterien in die Blätter ein und vermehren sich dort. Temperaturen von 24 – 28 °C bei hoher Luftfeuchte gelten als optimal für die Vermehrung der Bakterien.

Symptome und Schadbild

Die Blätter besitzen anfangs wässrige, 2 – 8 mm große, später verbräunende, papierartige Flecken, die meist deutlich von Blattadern begrenzt sind (Name). Befallene Stellen fallen häufig auch heraus. Bereits Jungpflanzen können geschädigt werden. Bei einer hohen Luftfeuchte tritt blattunterseits ein heller Bakterienschleim tröpfchenartig aus, der später als Kruste eintrocknet. Auf den Stängeln bilden sich längliche, braune Stellen, an denen ebenfalls Bakterienschleim austreten kann. Infizierte Früchte besitzen rundliche, braune Flecken mit einem hellen Zentrum.

Vorbeugen und bekämpfen

Verwendung von gesundem Saatgut. Erntereste entfernen. Fruchtwechsel von 3 Jahren einhalten. Keine dichte Pflanzung. Kein Einsatz von Pflanzenschutzmitteln möglich.

Ganz nah dran

Die nur 1 µm großen Bakterien bewegen sich im Wasser mit Geißeln. Sie werden über Wind, Wasserspritzer oder bei Kultur- und Erntearbeiten übertragen.

Gurke

Auf einen Blick

- papierartige, braune, durch Blattadern begrenzte Flecken
- tritt bevorzugt im Freiland auf
- bei hoher Luftfeuchte Austritt von Bakterienschleim

Gurke

Gummistängelkrankheit

Didymella bryoniae

Pilz

Steckbrief

Nach der Überwinterung in Pflanzenresten kann der Pilz an Blättern, Früchten, Stielen und teils auch an den Wurzeln von Gurken, bevorzugt im Gewächshaus, schädigend auftreten. Hohe Luftfeuchtigkeit, dichte Bestände und längere Blattnässedauer sind für das Auftreten des Pilzes förderlich.

Symptome und Schadbild

Der Befall führt zu einem vom Blattrand her eintrocknenden hellen Gewebe, das mit einer schmutzig grünen Grenzschicht vom gesunden, weiterhin grünen Blattgewebe abgetrennt ist. Auf den hellen Stellen bildet sich eine Vielzahl kleiner Fruchtkörper. Ein Befall an den Trieben äußert sich meist an den Seitentrieben in Form von länglichen, teils stängelumfassenden Flecken, die später auch dicht besetzt von Fruchtkörpern sind. Bei befallenen Früchten stirbt die Fruchtspitze ab, teils auch von innen her. An Früchten und am Stängel treten häufiger gummiartige Ausscheidungen auf.

Vorbeugen und bekämpfen

Entfernung der Pflanzenreste. Bewässerung nur über die Wurzel. Vermeidung hoher Luftfeuchte. Kein zu enger Stand. Gute Nährstoffversorgung. Einsatz von Fungiziden.

Auf einen Blick

- alle Pflanzenorgane können befallen werden
- Pilz tritt bevorzugt im Gewächshaus auf
- Befallsstellen zeigen später viele dunkle Fruchtkörper

Ganz nah dran

Die in nur 0,1 – 0,2 mm großen Fruchtkörpern gebildeten Sporen breiten sich über Wasserspritzer im Bestand aus.

Gurkenmosaikvirus

Cucumber mosaic virus, CMV
Virus

Steckbrief

Mit etwa 500 Pflanzenarten hat das Gurkenmosaikvirus einen Wirtspflanzenkreis, der neben Gurken auch andere Gemüsepflanzen, Zierpflanzen und Unkräuter umfasst. Die Übertragung der Viren erfolgt meist über verschiedene Blattläuse, kann aber auch über das Saatgut oder über Kulturarbeiten mit dem Messer oder anderen Werkzeugen erfolgen.

Symptome und Schadbild

Das Schadbild ist recht vielgestaltig und unterliegt vielen Einflussfaktoren. Bevorzugt an den jungen Blättern kommt es zu einer mosaikartigen Scheckung, häufig treten auch Blattkräuselungen und Deformationen auf. Unter bestimmten Bedingungen welken einzelne Blätter und Triebe oder die ganze Pflanzen. Befallene junge Früchte besitzen eine Mosaikscheckung, ältere Früchte bilden teils warzenartige Strukturen aus.

Vorbeugen und bekämpfen

Einsatz von resistenten Sorten. Verwendung von gesundem Saatgut. Werkzeuge nach Gebrauch gründlich reinigen. Unkrautbekämpfung in der Nähe der Gurkenpflanzen. Bekämpfung der virusübertragenden Blattläuse.

Ganz nah dran

Viren sind submikroskopische Schaderreger, deren Abmessungen im Nanometerbereich liegen. Ein Nanometer entspricht einem Millionstel Millimeter.

Auf einen Blick

- Virus mit sehr weitem Wirtspflanzenkreis
- mosaikartige Scheckung der Blätter und Deformationen
- Verwendung resistenter Sorten

Gurke

Auf einen Blick

- mehlig-weißer Sporenbelag auf Blättern und Früchten
- trockenwarme Tageswitterung fördert den Pilz
- Verwendung resistenter Sorten

Echter Mehltau

Erysiphe cichoracearum, Sphaerotheca fuliginea
Pilz

Steckbrief

Der Pilz überwintert auf Pflanzenrückständen oder überdauernden Unkräutern. Die vom Wind verteilten Sporen sorgen für eine Ausbreitung des Pilzes und infizieren Blätter, Stängel und Früchte. Unter günstigen Bedingungen benötigt der Pilz von der Infektion bis zur Neubildung von Sporen nur drei Tage. Gefördert wird der Pilz durch trockenwarme Bedingungen am Tag („Schönwetterpilz"), die sich mit Taunächten abwechseln.

Symptome und Schadbild

Blattoberseits zunächst einzelne, später zusammenfließende rundliche Flecken mit weißem, später grauem mehligem Belag, in den auch die Sporen in kettenartigen Strukturen abgegeben werden. Teils tritt der Belag auch auf der Blattunterseite auf. Die gesamte Blattspreite kann vom Pilz besiedelt werden. Als Folge vergilben die Blätter und sterben ab. Neben den Blättern zeigen auch Stängel und Früchte einen mehligen Belag.

Vorbeugen und bekämpfen

Pflanzenrückstände zum Herbst entfernen. Nutzung resistenter oder toleranter Sorten. Einsatz von Fungiziden, wobei ein Blattbefall von bis zu 20 % toleriert werden kann.

Kommt auch vor an

Der Pilz tritt neben Gurke auch an Kürbis, Melone und Zucchini auf. Er sitzt außen auf der Pflanze („Ektoparasit") und dringt zur Nahrungsaufnahme nur in die oberen Zellschichten ein.

Falscher Mehltau

Pseudoperonospora cubensis
Pilz

Gurke

Steckbrief

Ursache für erste Infektionen sind weniger Sporen aus Erntereste, sondern die über große Entfernungen mit dem Wind eingetragenen Sporen aus südlichen Gegenden. Günstige Infektionsbedingungen sind 15 – 20 °C bei längerer Blattnässedauer von über fünf Stunden. Ab Juni ist mit stärkeren Infektionen bei Gewächshaus- und Freilandgurken zu rechnen. Der Pilz kann sich innerhalb weniger Tage in einem Bestand ausbreiten.

Symptome und Schadbild

Anfangs mosaikartig auf der Blattoberseite verteilte, deutlich von den Blattadern begrenzte, eckige und gelbliche Flecken. Diese verfärben sich dann braun, besitzen jedoch noch eine gelbliche Übergangszone zum gesunden Blattgewebe. Blattunterseits bilden sich verzweigte Trägerstrukturen mit den Sporen als grauer Pilzbelag. Abgestorbene Blätter hängen schlaff an den grünen Blattstielen.

Vorbeugen und bekämpfen

Verwendung resistenter oder toleranter Sorten. Vermeidung einer längeren Blattnässe (Bewässerung über die Wurzel und bevorzugt am Morgen, Taubildung vermeiden). Frühzeitiger Einsatz von Fungiziden.

Nicht verwechseln!

Im Gegensatz zum Echten Mehltau dringt dieser Pilz in das Blatt ein („Endoparasit“) und bildet nur seine Trägerstrukturen und Sporen außerhalb des Blattes.

Auf einen Blick

- gelbe, eckige und mosaikartige Blattflecken
- grauer Pilzbelag blattunterseits
- resistente Sorten verwenden

Kohl

Auf einen Blick

- Überwinterung als Ei
- mehlige Blattläuse bilden Kolonien auf Blättern
- Ausbreitung über geflügelte Tiere

Mehlige Kohlblattlaus

Brevicoryne brassicae
Blattlaus

Steckbrief

Bis zu 10 Generationen pro Jahr. Aus den an verschiedenen Kohlgewächsen, auch alten Strünken, an Raps und Unkräutern abgelegten glänzend schwarzen Eiern schlüpfen ab März die Larven. Ab Mai treten verstärkt geflügelte Tiere auf, die für eine teils massive Besiedlung anderer Kohlpflanzen sorgen. Trockenwarme Witterung fördert ein Auftreten. Während der Vegetationsperiode werden alle Tiere lebend und ohne vorherige Begattung geboren (Jungfernzeugung). Zum Herbst hin werden Geschlechtstiere gebildet, die die überwinternden Eier ablegen.

Symptome und Schadbild

Graue, deutlich mehlige Blattläuse treten erst blattoberseits, später blattunterseits in dichten Kolonien auf. Teils massive Honigtauproduktion mit nachfolgender Besiedlung von Schwärzepilzen. Virusübertragung. Blätter werden deformiert, verkrüppeln, färben sich lokal teils rötlich.

Vorbeugen und bekämpfen

Förderung von Nützlingen (Schwebfliegen, Marienkäfer). Entfernen alter Kohlstrünke. Stark befallene Einzelblätter entfernen. Frühzeitige Befallskontrolle und Einsatz von Insektiziden.

Ganz nah dran

Die ungeflügelten, 2 mm großen, graugrünen Läuse sind von einem mehligen Wachsbelag umgeben. Sie besitzen wie die geflügelten Läuse dunkle, unterbrochene Querstreifen auf dem Hinterleib.

Kohldrehherzmücke

Contarinia nasturtii
Gallmücke

Steckbrief

3 – 4 Generationen pro Jahr. Gallmücken erscheinen ab Mai, nachdem die Larven im Boden überwintert und sich im Frühjahr verpuppt haben. Die Weibchen legen ihre bis zu 200 Eier als kleines Gelege an junges Blattgewebe (Herzblätter, Blütenanlagen). Die Larven schaben und saugen am Gewebe. Nach 2 – 3 Wochen wandern sie zur Verpuppung in den Boden. Förderlich für die Entwicklung ist eine feuchtwarme Witterung.

Symptome und Schadbild

Durch die Schabe- und Saugtätigkeit und der Abgabe von Sekreten verdicken sich Blätter und Stiele und rollen sich ein. Verkorkungen treten auf, auch kann der Vegetationspunkt ganz absterben (führt zur Herzlosigkeit). An dem befallenen Gewebe finden sich mehrere Larven. Bei feuchter Witterung stellt sich häufig zusätzlich Fäulnis ein. Gefährdet sind insbesondere junge Kohlpflanzen, meist Blumenkohl. Bei besaugten Blütenanlagen wird eine Schotenbildung verhindert.

Vorbeugen und bekämpfen

Abdeckung der Pflanzen mit Kulturschutznetzen vor der Eiablage. Einsatz von Insektiziden gegen die Mücken zum Zeitpunkt der Eiablage.

Ganz nah dran

Die unscheinbaren Gallmücken sind nur 2 mm groß. Ebenso groß sind die schwach gelblichen, sprungfähigen Larven.

Kohl

Auf einen Blick

- Deformationen der jungen Blätter und Stiele
- bis zu 4 Generationen pro Jahr
- gelbliche, nur etwa 2 mm große Larven

Kohl

Kohlerdfloh

Phyllotreta-Arten
Käfer

Steckbrief

Eine Generation pro Jahr. Die Käfer überwintern in der Bodenstreu und treten an den ersten warmen Frühlingstagen am Kohl und anderen Kreuzblütlern auf (Raps, Senf, Radieschen, Unkräuter). Die Eier werden ab Mai je nach Art in den Boden oder auf die Blattunterseite gelegt. Die weißen, 4 mm langen Larven mit brauner Kopfkapsel entwickeln sich an den Wurzeln im Boden oder minieren in Blättern und Blattstängeln. Die Larven beider Typen verpuppen sich etwa im Juli im Boden, die Käfer wandern bald in ihre Winterquartiere ab.

Symptome und Schadbild

Schabe- und Lochfraß in meist hoher Zahl insbesondere auf Sämlingen und jungen Pflanzen, teils Absterben der Pflanzen. Käfer können auch Viren und Pilze übertragen. Wurzelfraß der Larven meist wenig auffällig.

Vorbeugen und bekämpfen

Abdecken mit engmaschigem Vlies als Schutz vor Zuflug der Käfer. Anbau von Untersaaten (Klee). Regelmäßige Bewässerung und Feuchthalten des Bodens. Häufige Bodenlockerung. Einsatz von Insektiziden gegen die Käfer.

Auf einen Blick

- Schabe- und Lochfraß durch die Käfer
- Befallsminderung durch Boden feucht halten
- die kleinen, sprungfähigen Käfer überwintern

Ganz nah dran

Die etwa 3 mm langen, blauschwarzen Käfer („Erdfloh“) mit verdickten Hinterschenkeln, manche mit zwei gelben Längsstreifen, können gut springen.

Kohleule

Mamestra brassicae
Schmetterling

Steckbrief

2 Generationen pro Jahr. Die braune, etwa 2 cm große Puppe überwintert im Boden. Ab Mai schlüpft der dunkelbraune, nachtaktive Falter (Spannweite 4 cm). Das Weibchen legt seine bis zu 500 Eier in kleinen Gelegen auf die Blattunterseite der Kohlpflanzen ab. Die jungen Raupen sind grün mit gelben Streifen, während die älteren ab einer Länge von 2 cm braun gefärbt sind.

Symptome und Schadbild

Die meist nachtaktiven Larven schädigen anfangs durch einen Schabefraß, der aber rasch in einen Lochfraß der Blätter übergeht. Im Gegensatz dazu fressen sich die älteren Larven der zweiten Generation bis in das Herz der Kohlpflanzen hinein („Herzwurm") und hinterlassen größere Mengen an grünschwarzem Kot. Auftreten der dunklen Falter etwa im Mai und August.

Vorbeugen und bekämpfen

Absammeln der Raupen und Eigelege. Abdeckung mit Kulturschutznetzen vor der Eiablage. Einsatz von Insektiziden bevorzugt gegen die jungen Larven.

Ganz nah dran

Die halbkugeligen Eier mit dem dunklen Fleck in der Mitte sind nur etwa 0,5 mm groß und färben sich rasch dunkel.

Auf einen Blick

- meist nachtaktive Larven und Falter
- ältere Larven fressen sich bis ins Herz der Kohlpflanzen
- 2 Generationen pro Jahr

Kohl

Auf einen Blick

- Larvenfraß („Maden“) an den Wurzeln
- Fliege ähnelt einer Stubenfliege
- Einsatz von Kohlkragen und Kulturschutznetzen

Kleine Kohlfliege

Delia radicum
Fliege

Steckbrief

3 Generationen pro Jahr. Die 6 mm großen, braunen Puppen überwintern im Boden, die ersten Kohlfliegen treten ab Mitte April auf. Das Weibchen legt die 1 mm kleinen, weißen, länglichen Eier einzeln oder als kleine Gelege an den Wurzelhals oder in den Boden ab. Die Larven ernähren sich von den Wurzeln. Nach einer Entwicklungszeit von 3 – 4 Wochen verlassen die Larven die Wurzeln und verpuppen sich im Boden.

Symptome und Schadbild

Während junge Larven an den feinen Wurzeln fressen, dringen ältere Larven mit ihrem Minierfraß in die Wurzel ein. Oberirdisch zeigen sich Welkeerscheinungen und graue Blattfärbungen, auch lassen sich die Kohlpflanzen leicht aus dem Boden ziehen. Die Wurzeln sind abgefressen, der Wurzelhals ist zerstört. Insbesondere Jungpflanzen sind gefährdet.

Vorbeugen und bekämpfen

Abdeckung der Pflanzen mit Kulturschutznetzen. Verwendung von „Kohlkragen“ zum Abfangen der abgelegten Eier. Entfernen befallener Pflanzen. Spät pflanzen, um die erste Generation zu umgehen. Förderung von Nützlingen (Laufkäfer). Einsatz von Insektiziden gegen die Larven im Boden.

Ganz nah dran

Die Kohlfliege ähnelt einer Stubenfliege. Die beinlosen, gelblichen Larven („Maden“) sind vorne zugespitzt und bis zu 1 cm groß.

Kohlgallenrüssler

Ceutorhynchus pleurostigma
Käfer

Steckbrief

Eine Generation pro Jahr. Nach der Überwinterung als Käfer und einem ersten Reifungsfraß an Blättern und Stielen legen die Weibchen ihre bis zu 140 Eier an den Wurzelhals junger Pflanzen ab. Die schlüpfende Larve bohrt sich in die Hauptwurzel ein und induziert dort eine Galle, in der sie geschützt lebt. Nach 4 Wochen verlässt die Larve ihre Galle und verpuppt sich in einem Erdkokon. Es existiert noch ein anderer Käferstamm mit zeitversetztem Zyklus, bei dem die Larven in den Gallen überwintern.

Symptome und Schadbild

An den Hauptwurzeln zeigen sich gallenartige, erbsengroße Anschwellungen, in dessen Hohlraum sich eine Larve befindet (ähnelt sonst im Schadbild etwas der durch Pilze hervorgerufenen Kohlhernie). An den Wurzeln können auch traubenartige Gallenansammlungen auftreten. Im Frühjahr finden sich die Käfer an den Pflanzen. Jungpflanzen welken, ältere Pflanzen sind oft symptomlos.

Vorbeugen und bekämpfen

Entfernung der mit Gallen besetzten Pflanzen, bevor die Larven sich verpuppen. Einsatz von Insektiziden; aufgrund des geringen Schadens Bekämpfung meist nicht nötig.

Ganz nah dran

Der 3 mm große, braune Käfer mit hellen Flecken besitzt einen rüsselartig verlängerten Kopf. Die beinlosen, hellen Larven werden 5 mm groß und besitzen eine braune Kopfkapsel.

Kohl

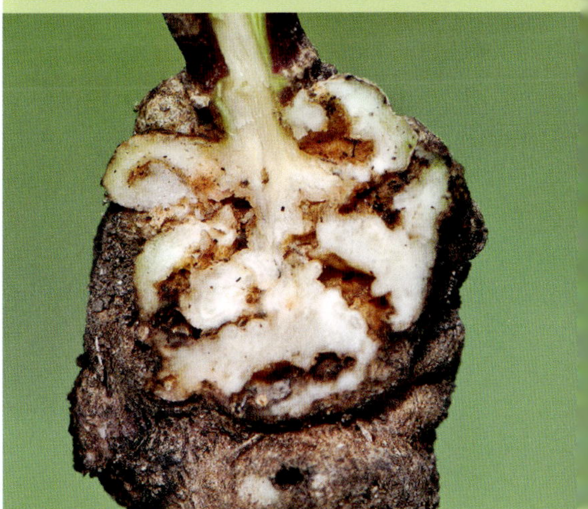

Auf einen Blick

- erbsengroße Anschwellungen der Wurzeln
- eher geringer Schaden an der Pflanze
- meist überwintert der Käfer

Kohl

Auf einen Blick

- gallenförmige Deformationen an den Wurzeln
- Gefahr einer langjährigen Bodenverseuchung (Dauersporen)
- blaugrüne Blattverfärbung und Welken der Pflanzen

Kohlhernie

Plasmodiophora brassicae
Pilz

Steckbrief

Die mikroskopisch kleinen Dauerkörper können bis zu 10 Jahre im Boden überdauern. Optimale Bedingungen für die Wurzelinfektion sind hohe Bodenfeuchte, geringer pH-Wert sowie Temperaturen von 20 – 25 °C. In den befallenen Wurzeln vermehrt sich der Pilz und gelangt über die abgestorbenen Wurzeln in den Boden zurück.

Symptome und Schadbild

Oberirdisch welken die Pflanzen insbesondere bei sonnigem Wetter. Die Pflanzen wachsen schlechter, die Blätter sind blaugrün gefärbt. An den Wurzeln zeigen sich deutliche Wucherungen und Verdickungen, die keinen Hohlraum besitzen (Schadbild vom Kohlgallenrüssler). Häufig tritt ein Befall nesterweise im Beet auf, auch können bereits Jungpflanzen betroffen sein.

Vorbeugen und bekämpfen

Der pH-Wert sollte nicht unter 7,0 absinken, zur Anhebung Kohlensauren Kalk oder Branntkalk streuen. Kranke Pflanzen entfernen (nicht kompostieren). Eintrag der Dauersporen über Stallmist ist möglich. Wahl resistenter Sorten. Für ausreichenden Wasserabzug (Drainage) sorgen. Wechsel der Fläche für Kreuzblütler für mindestens 7 Jahre. Bekämpfung von kreuzblütigen Unkräutern.

Kommt auch vor an

Von dem Pilz werden Kulturpflanzen und Unkräuter aus der Familie der Kreuzblütler infiziert, das sind u.a. Kohl, Radies, Rettich, Raps, Ackersenf, Hirtentäschel.

Kohlmotte

Plutella xylostella
Schmetterling

Steckbrief

3 – 4 Generationen pro Jahr. Die Puppen der letzten Generation überwintern im Boden, die ersten Falter treten ab April auf. Die unscheinbaren, nur 0,5 mm kleinen, weißlichen Eier werden einzeln auf die Blattunterseite abgelegt. Die grünen, leicht behaarten, 1 cm großen Raupen sind am Kopf- und Hinterende zugespitzt und werden oft von Nützlingen parasitiert. Die Verpuppung erfolgt nach etwa 3 – 4 Wochen an der Pflanze.

Symptome und Schadbild

Die frisch geschlüpften Larven minieren im Blatt, das hierdurch einen silbrigen Glanz bekommt („Schleiermotte“). Später rufen die Larven einen Schabefraß auf der Blattunterseite hervor („Kohlschabe“). Größere Larven führen zunächst Lochfraß durch, später Skelettierfraß. Größere Raupen fressen sich auch ins Kohlinnere. Auf der Blattunterseite spindelförmige Puppen, von Netzkokon umgeben.

Vorbeugen und bekämpfen

Absammeln der Raupen und Puppen. Abdeckung mit Kulturschutznetzen vor der Eiablage. Förderung von Nützlingen (Vögel). Entfernung der Laubreste im Herbst. Einsatz von Insektiziden gegen die Larven.

Ganz nah dran

Diese schlanken, dunkel gefärbten Falter zeigen in Ruhestellung eine auffällig helle, wellenförmige Zeichnung auf dem Rücken.

Kohl

Auf einen Blick

- Überwinterung als Puppe im Boden
- junge Larven schädigen erst durch Schabefraß
- Puppen mit netzartigem Kokon

Kohl

Auf einen Blick

- die kältetoleranten Weibchen überwintern
- Abgabe von Honigtau und Besiedlung von Schwärzepilzen
- Bis zu 5 Generationen pro Jahr

Kohlmottenschildlaus

Aleurodes proletella
Mottenschildlaus

Steckbrief

4 – 5 Generationen pro Jahr. Die Weibchen („Weiße Fliege“) überwintern an geschützten Stellen und legen ihre bis zu 70 winzigen Eier mit reichlicher Wachsbildung halb- oder kreisförmig auf die Blattunterseite der Kohlblätter ab. Die schlüpfenden Larven sind anfangs noch beweglich, setzen sich dann zunehmend fest. Aus dem „Puparium“ schlüpft nach 3 – 4 Wochen die 2 mm große, deutlich weiß bemehlte Laus mit grau gefleckten Flügeln. Eine trockenwarme Witterung fördert das Auftreten des Schädlings.

Symptome und Schadbild

Schwächung der Pflanze durch Saugtätigkeit. Teils massive Abgabe von klebrigem Honigtau, der von Rußtaupilzen besiedelt wird. Auftreten der schildlausartigen Larven sowie der weiß bemehlten Läuse. Bei Berührung der Pflanzen fliegen die erwachsenen Tiere aufgeschreckt hoch. Zum Herbst hin meist deutliche Zunahme der Befalls.

Vorbeugen und bekämpfen

Entfernung einzelner, stark befallener Blätter. Frühzeitiger, regelmäßiger Einsatz von Insektiziden auf der Blattunterseite gegen die Larven.

Ganz nah dran

Die Larven ähneln einer 1 mm großen, ovalen, braunen Schildlaus. Das „Puparium“ ist ein borstenloses, flaches Gebilde.

Kohlrübenblattwespe

Athalia rosae
Blattwespe

Steckbrief

2 – 3 Generationen pro Jahr. Die schlanken, schwarz-roten, etwa 6 – 8 mm großen Blattwespen schlüpfen ab Mai aus den im Boden überwinterten Puppen. Die Weibchen legen die Eier einzeln ins Blatt ab. Die nach einer Woche schlüpfenden, bis zu 2 cm großen Larven legen anfangs noch einen Miniergang an, verlassen diesen aber später und treten frei auf den Blättern auf.

Symptome und Schadbild

Die jungen Larven (Afterraupen) rufen einen unscheinbaren Minierfraß in den Blättern hervor. Ältere Larven fressen anfangs noch schabend auf der Blattunterseite, später fressen sie längliche Löcher. Auf den Blättern finden sich die dunklen Larven sowie deren Häutungsreste.

Vorbeugen und bekämpfen

Absammeln der Larven. Sofern möglich die Nähe zu Rapsfeldern meiden. Abdeckung der Pflanzen vor der Eiablage. Frühzeitige Kontrolle auf die unscheinbaren Miniergänge der jungen Larven. Einsatz von Insektiziden gegen die Larven.

Ganz nah dran

Die bis zu 2 cm großen Larven sind anfangs noch grün, später aber nahezu schwarz gefärbt und besitzen 22 Beine.

Kohl

Auf einen Blick

- junge Larven fressen unscheinbare Miniergänge ins Blatt
- ältere dunkle Larven sind bis zu 2 cm groß
- Nähe zu Rapsfeldern meiden

Kohl

Kohlschwärze

Alternaria brassicae, Alternaria brassicicola
Pilz

Steckbrief

Der Pilz kann nicht nur an infiziertem Pflanzenmaterial überdauern, sondern auch mit dem Saatgut übertragen werden. Dichte Bestände, feuchte Bedingungen und insbesondere eine Blattnässedauer von über fünf Stunden fördern das Auftreten der Krankheit. Die Verbreitung der Sporen erfolgt über den Wind, teils auch über Insekten.

Symptome und Schadbild

Auf den Blättern bilden sich graue bis schwarze, teils deutlich zonierte, 1–2 cm große Blattflecken, die oft von einem gelben Rand umgeben sind. An den befallenen Stellen reißt das Gewebe häufig auf und fällt auch heraus. Die Zahl der Flecken kann rasch zunehmen. Auf den Flecken zeigt sich bei näherer Betrachtung ein oft flächig auftretender dunkler Sporenrasen.

Vorbeugen und bekämpfen

Einsatz von gesundem Saatgut. Verwendung weniger anfälliger Sorten. Entfernen von infizierten Ernterückständen. Vermeidung von feuchtnassen Kulturbedingungen (weiter Pflanzabstand, Bewässerung nur am Morgen, keine Überkopfbewässerung). Keine überhöhte Stickstoffdüngung. Einsatz von Fungiziden.

Auf einen Blick

- dunkle Flecken mit dunklem Sporenrasen
- bevorzugt auf älteren Blättern an älteren Pflanzen
- feuchtnasse Bedingungen fördern den Pilz

Kommt auch vor an

Der Pilz tritt vermehrt auf den äußeren Blättern älterer Pflanzen auf. Chinakohl ist sehr anfällig. Die „Blumen“ von Blumenkohl und Brokkoli können von einem dunklen Sporenrasen überzogen werden.

Kohlwanze

Eurydema oleraceum
Wanze

Steckbrief

1 – 2 Generationen pro Jahr. Die erwachsenen Kohlwanzen überwintern in der Bodenstreu oder unter der Borke von Bäumen. Ab April verlassen sie ihre Winterquartiere und legen ihre Eier auf Kohlpflanzen als zweireihiges Gelege zu je sechs Eiern ab. Alle Entwicklungsstadien saugen an den Pflanzen wobei die Larven zeitweise auch Blattläuse aussaugen. Die dunkle Kohlwanze wird 6 mm groß, besitzt drei rote oder weiße Farbflecke im hinteren Bereich (es gibt hier unterschiedliche Farbvarianten), die quer angeordnet sind, sowie einen farbigen Streifen auf dem Halsschild.

Symptome und Schadbild

Erste Saugstellen an Blättern und Trieben besitzen einen hellen Hof. Später weisen die besaugten Stellen Deformationen und Verkrüppelungen auf, die bei einem starken Befall optisch den Schäden der Kohldrehherzmücke (siehe Seite 129) ähneln können. Auf der Pflanze finden sich die dunklen, fleckigen Wanzen.

Vorbeugen und bekämpfen

Abdeckung gefährdeter Kulturen mit Kulturschutznetzen. Frühzeitige Kontrolle auf einen Larvenbesatz; Einsatz von Insektiziden.

Nicht verwechseln!

Neben der Kohlwanze gibt es an Kohl weitere meist auffällig rot-schwarze Gemüsewanzen mit einer ähnlichen Biologie.

Auf einen Blick

- erwachsene Wanzen überwintern in der Bodenstreu
- Wanzen sind nur 0,5 cm groß
- stark besaugte Stellen zeigen bei starkem Befall Deformationen

Kohl

Auf einen Blick

- gelbgrüne Larven mit schwarzen Flecken
- 2 Generationen pro Jahr
- Einsatz von Kulturschutznetzen

Großer Kohlweißling

Pieris brassicae
Schmetterling

Steckbrief

2 Generationen pro Jahr. Die grüngelbe, kantige Puppe mit fädigem Gürtel überwintert an senkrechten Strukturen (Pfähle, Baumstämme). Ab Ende April treten die Falter auf. Sie überbrücken größere Entfernungen durch aktiven Flug und mit dem Wind. Die Eigelege der ersten Generation werden an Unkräuter (Kreuzblütler) abgelegt, an denen sich die Larven entwickeln und später verpuppen. Die gelben, stumpf kegelförmigen und längsgestreiften Eigelege der zweiten Generation werden auf die Blattunterseite der Kohlblätter gelegt. Die bis zu 4 cm großen, gelbgrünen Larven mit schwarzen Flecken entwickeln sich an den Kohlpflanzen.

Symptome und Schadbild

Geselliger Lochfraß der Jungraupen an den Blättern. Die älteren Raupen rufen einen Skelettierfraß hervor, bei dem nur die Blattadern stehen bleiben. Auftreten der tagaktiven Falter etwa ab Juni. Gelbe Eigelege mit 40 – 60 Eiern auf der Blattunterseite.

Vorbeugen und bekämpfen

Absammeln der Raupen und Eigelege. Abdeckung der Pflanzen vor der Eiablage mit Kulturschutznetzen. Einsatz von Insektiziden gegen die Raupen.

Ganz nah dran

Die Spitzen der weißen Vorderflügel sind deutlich dunkel gefärbt, die Weibchen besitzen zusätzlich zwei schwarze Punkte.

Kleiner Kohlweißling

Pieris rapae
Schmetterling

Kohl

Steckbrief

2–4 Generationen pro Jahr. Etwa ab April treten die aus der überwinternden Puppe schlüpfenden, weißen, tagaktiven Falter auf. Sie legen die weißlichen, nur etwa 1 mm kleinen Eier einzeln auf die Blattunterseite der Kohlpflanzen. Die Raupen werden häufig von Nützlingen parasitiert. Die grüne kantige Puppe ist meist an der Pflanze anzutreffen, bei der letzten Generation im Jahr überwintert sie geschützt. Da sich die Generationen oft überlappen, treten die Raupen nahezu den ganzen Sommer auf.

Symptome und Schadbild

Lochfraß an den äußeren Blättern durch einzeln auftretende, samtig grüne Raupen. Fraßschäden im Kohlinnern sowie Verschmutzung durch Kot älterer Raupen. Flug der weißlichen Falter (etwas kleiner als die des Großen Kohlweißlings).

Vorbeugen und bekämpfen

Absammeln der jungen Raupen. Kontrolle auf einzeln abgelegte Eier. Abdeckung der Pflanzen mit Kulturschutznetzen vor der Eiablage. Einsatz von Insektiziden gegen die jungen Raupen.

Ganz nah dran

Schwach abgedunkelte Flügelspitzen (im Gegensatz zum Großen Kohlweißling). Die grünen, etwa 3 cm großen Raupen mit gelbem Längsstreifen sind samtartig behaart.

Auf einen Blick

- samtartig behaarte, grüne Raupen
- Puppe überwintert
- bis zu 4 Generationen pro Jahr

Kohl

Falscher Mehltau

Peronospora parasitica
Pilz

Steckbrief

Mikroskopische Dauersporen des Pilzes überdauern in Ernterückständen im Boden. Eine Übertragung ist auch durch infiziertes Saatgut möglich. Kühlere Temperaturen (16 °C) und feuchte Witterung fördern die Infektion der Blätter, bei Temperaturen von 20 – 24 °C kann sich die Krankheit rasch entwickeln. Eine Verbreitung im Bestand findet über die blattunterseits gebildeten Sporen mit Hilfe von Spritzwasser und Wind statt.

Symptome und Schadbild

Bevorzugt junge Pflanzen werden infiziert und zeigen Symptome. Blattoberseits bilden sich verteilte gelbe Flecken, denen später blattunterseits ein grauweißer Sporenrasen folgt. Das Wachstum der Jungpflanzen ist deutlich reduziert. Schwarze Punkte auf der Blumenkohlblume faulen später.

Vorbeugen und bekämpfen

Verwendung von gesundem, geprüftem Saatgut (Beizung, Heißwasserbehandlung). Ernterückstände kranker Pflanzen entfernen. Wahl weniger anfälliger Pflanzen. Sofern möglich (Gewächshaus) hohe Luftfeuchte und einen dichten Stand vermeiden. Einsatz von Fungiziden.

Auf einen Blick

- **gelbe, durch Blattadern begrenzte Blattflecken**
- **Überdauerung in Ernteresten oder Saatgut**
- **feuchtkühle Tageswitterung fördert den Pilz**

Ganz nah dran

Unter der Lupe zeigt sich der Belag vom Falschen Mehltau in Form von deutlich baumartig verzweigten Trägern, an deren Enden jeweils eine einzelne Spore sitzt.

Ringfleckenkrankheit

Mycosphaerella brassicicola
Pilz

Steckbrief

Der Pilz überwintert auf infiziertem Winterraps oder in abgestorbenen Pflanzen- und Ernterückstände der Kohlpflanzen. Er ist insbesondere im Norden von Deutschland verbreitet. Die auf den erkrankten Pflanzen gebildeten Sporen infizieren im Frühjahr die Blätter vom Kohl, wobei hierfür eine mehrstündige Blattnässe sowie eher mäßige Temperaturen (15 – 20 °C) förderlich sind. Erneut gebildete Sporen, die über den Wind verbreitet werden, sorgen für eine weitere Ausbreitung der Krankheit.

Symptome und Schadbild

Meist beginnend an den älteren, äußeren Blättern zeigen sich teils mehrere Zentimeter große, oft zonierte, dunkle, selten auch ganz schwarze, rundliche bis ovale Blattflecken. Bei einem starken Befall fließen die Flecken auch großflächig zusammen.

Vorbeugen und bekämpfen

Erste befallene Blätter entfernen. Weniger anfällige Kohlsorten verwenden. Entfernung von Pflanzenresten und Ernterückständen. Nähe zu Rapsfeldern meiden. Einsatz von Fungiziden.

Nicht verwechseln!

Die Symptome ähneln ein wenig denen der Kohlschwärze. Ohne Mikroskop lassen sich die beiden pilzlichen Erreger nicht sicher voneinander unterscheiden.

Kohl

Auf einen Blick

- insbesondere in Norddeutschland verbreitet
- dunkle, oft zonierte Flecken auf den älteren Blättern
- förderlich für die Erkrankung sind längere Blattnässe und mäßige Temperatur

Möhre

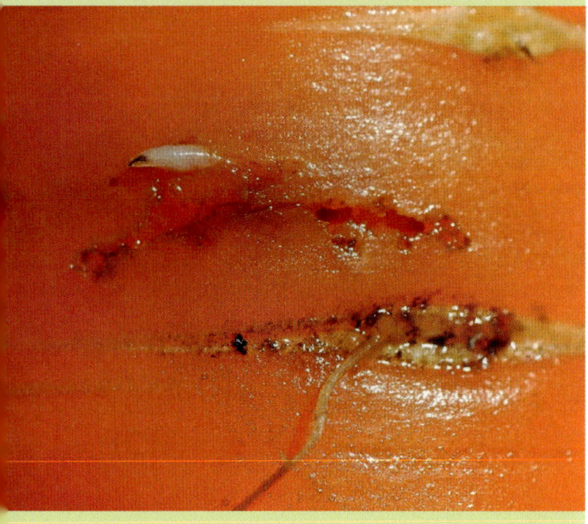

Auf einen Blick

- Larven („Maden“) fressen an Wurzel und Möhrenkörper
- schädigt insbesondere den unteren Teil des Möhrenkörpers
- bis zu 3 Generationen pro Jahr

Möhrenfliege

Psila rosae
Fliege

Steckbrief

2–3 Generationen pro Jahr. Die Puppe überwintert im Boden, ab Mai treten die ersten Fliegen auf. Eiablage ab den späten Nachmittagsstunden in die Nähe der Möhrenwurzel. Windgeschützte, eher feuchte Lagen sind gefährdet. Helle Larven („Maden“) schlüpfen nach einer Woche, fressen an den Wurzeln, dringen später in äußere Rindenschichten des Möhrenkörpers ein. Fraßzeit der Larven 5–7 Wochen. Dann wandern die bis zu 1 cm großen Maden von der Möhre zur Verpuppung in den Boden.

Symptome und Schadbild

Junge Möhrenpflanzen welken, Blätter färben sich rötlich, teils sterben Pflanze auch völlig ab. Innerhalb des Möhrenkörpers finden sich bevorzugt in den unteren Teilen die mit Kot angefüllten, braunen, nach außen hin offenen Fraßgänge der Larven. Häufig tritt zusätzlich Fäulnis auf.

Vorbeugen und bekämpfen

Abdeckung mit Kulturschutznetzen. Möhrenaussaat ab Juni entgeht dem Befall der ersten Generation. Windoffene Lagen bevorzugen. Wahl weniger anfälliger Sorten. Gelbtafeln zum Abfangen der Fliegen. Einsatz von Insektiziden gegen die Larven im Boden.

Ganz nah dran

Die Möhrenfliege ist 6 mm groß, dunkel gefärbt und besitzt glasige Flügel. Ihre bis zu 100 weißen Eier sind nur etwa 0,5 mm groß.

Möhrenminierfliege

Napomyza carotae
Fliege

Steckbrief

2 Generationen pro Jahr. Die Fliegen treten nach Überwinterung im Boden als Puppe ab April auf. Sie legen ihre 0,4 mm kleinen Eier auf die Blattunterseite, in Gewebe oder in Stängel ab. Nach wenigen Tagen schlüpfen die weißen, beinlosen Larven, die in den Blättern minieren, später im oberen Möhrenkörper. Dort verpuppen sie sich nach 2 Monaten. Ab August tritt die zweite Generation auf.

Symptome und Schadbild

Blattunterseits zeigen sich millimetergroße, helle Einstichstellen. Blätter besitzen Vergilbungen, teils auch Welkeescheinungen. In den Blättern und Blattstielen finden sich Miniergänge, in dessen Innern sich eine Larve befindet. Im oberen Teil des Möhrenkörpers zeigen sich, bevorzugt bei der ersten Generation, flach verlaufende, kotfreie Miniergänge mit den Larven, später dann auch mit der braunen Puppe.

Vorbeugen und bekämpfen

Einsatz von Kulturschutznetzen. Frühzeitige Blattkontrolle und Zerdrücken der Larven bei Einzelpflanzen. Einsatz von Insektiziden gegen die eierlegenden Fliegen.

Kommt auch vor an

Die dunklen, mit Borsten versehenen, nur 2–3 mm großen Fliegen befallen neben Möhren auch Petersilie, Sellerie oder Pastinake.

Möhre

Auf einen Blick

- Larven minieren im Blatt und Möhrenkörper
- insbesondere der obere Teil des Möhrenkörpers wird geschädigt
- Miniergänge sind frei von Kot

Möhre

Möhrenschwärze

Alternaria dauci
Pilz

Steckbrief

Der Pilz überdauert in infizierten Pflanzenrückständen im Boden oder im Saatgut. Auf den Blättern gebildete Sporen werden rasch mit Wind und Wasserspritzern ausgebreitet. Eine feuchte Witterung fördert die Krankheit. Die Anfälligkeit der Blätter steigt mit ihrem Alter.

Symptome und Schadbild

Auf den Blättern zeigen sich zu Beginn kleine, etwa 1 – 2 mm große, runde Flecken, die sich dunkel verfärben und einen helleren Hof besitzen. Rasch fließen die Einzelflecken zusammen, werden in ihrer Gesamtheit deutlich schwarz („Möhrenblattbrand") und können ganze Laubpartien betreffen. Die Blätter verfaulen oder trocknen ein. Bei feuchter Witterung ist ein dunkler Sporenrasen auf den Blättern erkennbar. Infizierte Möhrenkörper sind fleckig schwarz. Die ersten Symptome an den Blättern treten meist nestweise auf.

Vorbeugen und bekämpfen

Verwendung von gesundem Saatgut. Weiter Reihenabstand und luftige Lagen bevorzugen. Einsatz von Fungiziden. Befallene Erntereste entfernen. Weniger anfällige Sorten verwenden.

Auf einen Blick

- dunkle Blattflecken, die rasch ganze Blätter erfassen können
- überdauert im Saatgut oder in infizierten Pflanzenresten
- feucht-nasse Bedingungen fördern den Pilz

Kommt auch vor an

Der Pilz infiziert an der Möhre neben den Laubblättern auch Keimlinge und Möhrenkörper. Der Pilz kann in einem breiten Temperaturbereich (13 – 35 °C) wachsen, als optimal gelten 28 °C.

Möhrenwurzellaus

Dysaphis crateagi, Pemphigus phenax
Blattlaus

Steckbrief

Mehrere Generationen pro Jahr. An Möhren treten unterschiedliche, in ihrer Biologie aber ähnliche, wirtswechselnde Läuse auf. Die Möhrenwurzellaus überdauert den Winter als Ei an Schwarz- und Pyramidenpappel. Geflügelte Tiere aus den dort später gebildeten Blasenlauskolonien wandern zur Möhre und besiedeln deren Wurzeln im Bodenbereich. Im Herbst erfolgt wieder der Rückflug zur Pappel. Die Möhrenwurzelhalslaus überwintert als Ei am Weißdorn. Die dort entstehenden Blattlauskolonien wandern im Sommer als geflügelte Stadien auf die Möhre und besiedeln den Wurzelhals. Im Herbst erfolgt der Rückflug zum Weißdorn.

Symptome und Schadbild

Pappelblätter haben Blattgallen entlang der Hauptader, Weißdornblätter haben im Frühjahr auffällig rote Blattgallen. An den Möhren treten am Wurzelhals oder auch deutlich tiefer im Boden kolonieartig an den Wurzeln sitzende, teils von Wachswolle umgebende Läuse auf. Oberirdisch zeigt sich ein Befall durch vermindertes Wachstum. Die Blattläuse werden häufig von Ameisen besucht.

Vorbeugen und bekämpfen

Nähe zu Pappeln oder Weißdorn meiden, dort befallene Blätter frühzeitig entfernen. Einsatz von Kulturschutznetzen. Regelmäßiges Gießen vermindert den Befall. Bekämpfung der Wurzelläuse durch Insektizide.

Ganz nah dran

Im Spätsommer trifft man, meist an der Bodenoberfläche, neben den „normalen" Wurzelläusen auch verpilzte Läuse an, die von einem schwach gelblich bis grauen, insektenpathogenen Pilz befallen sind.

Möhre

Auf einen Blick

- Ei überwintert an Pappel oder Weißdorn
- an den Wurzeln der Möhre sitzen Kolonien von Blattläusen
- häufiger Ameisenbesuch an der Möhre

Möhre

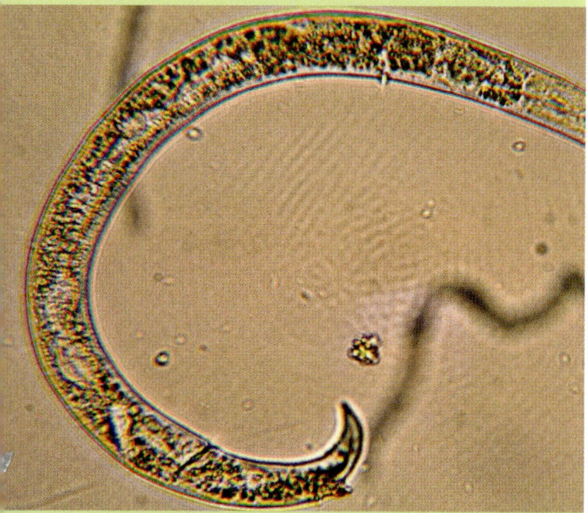

Wurzelnematoden

Verschiedene Arten
Nematode

Steckbrief

Mehrere Generationen pro Jahr. Die im Boden lebenden, etwa 0,5 – 1 mm langen, nur 20 µm dünnen Nematoden überdauern den Winter je nach Art als Ei, Larve, erwachsenes Tier oder kompakte Zyste (Dauerstadium). Die beweglichen Stadien saugen an den Wurzeln oder dringen in diese ein.

Symptome und Schadbild

Oberirdisch zeigt sich meist ein nestweises Auftreten der Schadsymptome. Charakteristisch sind reduziertes Wachstum, Welkeerscheinungen und Blattvergilbungen. Jungpflanzen können teils auch ganz absterben. Der Möhrenkörper zeigt je nach Nematodenart starke Seitenwurzelbildung („Wurzelbart"), kleine, knötchenartige Anschwellungen an den Wurzeln, Missbildungen oder eine Beinigkeit des gesamten Möhrenkörpers.

Vorbeugen und bekämpfen

Befallene Pflanzen großzügig mit anhaftender Erde entfernen. Unkrautbekämpfung. Anbau von Tagetes hilft nur bei bestimmten Nematodenarten. Sofern möglich, Dämpfung des Bodens. Sofern verfügbar, weniger anfällige Sorten anbauen. Keine Kompostierung befallener Pflanzen. Mehrjährige Anbaupause von Möhren.

Auf einen Blick

- Nematoden sind im Boden als Einzeltiere nicht erkennbar
- häufig nestweises Auftreten von Wachstumsdepressionen
- vielfältige, artabhängige Wurzelreaktionen auf die Saugtätigkeit

Kommt auch vor an

Neben Möhre befallen die Nematoden arttypisch auch andere Pflanzen sowie Unkräuter. Meist bevorzugen sie leichte, warme Böden.

Johannisbeerblattlaus

Nasonovia ribisnigri
Blattlaus

Steckbrief

Mehrere Generationen pro Jahr. Nach der Überwinterung als Ei an Johannis- oder Stachelbeere entwickeln sich dort ab März einige Generationen von Blattläusen. Ab Mai wandern dann geflügelte Läuse zum Salat ab. Bis zum Herbst entsteht dort eine Vielzahl von Blattlausgenerationen. Die einzelne Blattlaus ist 3 mm groß, oval in der Gestalt und meist grün, teils aber auch rötlich oder gelblich gefärbt. Geflügelte Stadien fliegen im Herbst zur Eiablage wieder zurück zum Beerenobst.

Symptome und Schadbild

Auftreten von Blattlauskolonien, insbesondere im Herzinnern des Salats. Kräuselungen und Vergilbungen der Blätter. Honigtauproduktion mit nachfolgender Bildung von Schwärzepilzen.

Vorbeugen und bekämpfen

Verwendung resistenter Sorten. Förderung von Nützlingen (Marienkäfer, Schwebfliegen, Florfliegen). Nähe zu Stachel- und Johannisbeere meiden. Abdeckung der Beete mit Vlies. Einsatz von Insektiziden.

Nicht verwechseln!

An Salat treten auch eine Reihe weiterer Blattlausarten auf, die schwer voneinander zu unterscheiden sind (Kartoffelblattlaus, Pfirsichblattlaus).

Salat

Auf einen Blick

- Ei überwintert an Johannis- und Stachelbeere
- Blattläuse besiedeln bevorzugt das Herzinnere des Salatkopfs
- Einsatz resistenter Sorten

Salat

Auf einen Blick

- gelbe, durch Blattadern begrenzte Blattflecken
- Pilz überdauert in Ernteresten
- Einsatz resistenter Sorten

Falscher Mehltau

Bremia lactucae
Pilz

Steckbrief

Der Pilz überdauert im Boden als mikroskopisch kleine Dauersporen, die in den befallenen Blättern gebildet wurden. Die während der Vegetationszeit blattunterseits gebildeten Sporen werden großräumig durch den Wind verbreitet. Unter günstigen Bedingungen benötigt der Pilz von der Infektion bis zur erneuten Sporenabgabe weniger als eine Woche. Förderlich für die Krankheitsentwicklung sind feuchte Bedingungen, eine mehrstündige Blattnässe sowie mäßig warme Temperaturen.

Symptome und Schadbild

Zu Beginn zeigen sich insbesondere an den äußeren Blättern Vergilbungen, die durch Blattadern begrenzt sind, teils mosaikartig die gesamte Blattspreite betreffen und später verbräunen; blattunterseits zeigt sich ein Sporenrasen. Das Schadbild weitet sich von den älteren auf die jüngeren Blätter aus. Auch Keimblätter können bereits von dem Pilz befallen werden.

Vorbeugen und bekämpfen

Wahl resistenter Sorten. Weiter Pflanzabstand. Windoffene Lagen bevorzugen, die rasch abtrocknen. Pflanzen bevorzugt nur am Morgen gießen. Entfernung der Ernterückstände im Herbst. Einsatz von Fungiziden.

Ganz nah dran

Unter feuchten Bedingungen bildet sich blattunterseits ein deutlich bäumchenartig verzweigter, weißlicher Sporenrasen aus, der mit der Lupe erkennbar ist.

Salatwurzellaus

Pemphigus bursarius
Blattlaus

Steckbrief

Mehrere Generationen pro Jahr. Die Salatwurzellaus überwintert auf den Trieben der Schwarzpappel als Ei. Die sich entwickelnden Läuse bilden am Blattstiel der Pappel eine Galle aus, in der sie leben. Etwa Anfang Juni verlassen sie die Pappel, fliegen bestimmte Unkräuter und Salat an und besiedeln den Wurzelbereich. Eine trockenwarme Witterung fördert die Entwicklung. Im Herbst werden geflügelte Tiere gebildet, die zur Eiablage auf die Pappel zurückfliegen.

Symptome und Schadbild

An den Salatwurzeln treten im Sommer bis zu 100, selten auch mehr unterirdische Wurzellauskolonien auf. Bei hoher Lausanzahl an den Wurzeln und warmer Witterung welken die Pflanzen oberirdisch. Am Blattstiel nahe stehender Schwarzpappeln sind im Frühjahr sich schlitzförmig öffnende, etwa 1–2 cm große Gallen mit Läusen erkennbar.

Vorbeugen und bekämpfen

Ein Feuchthalten des Bodens vermindert das Auftreten der Wurzelläuse. Nähe zu Schwarzpappeln meiden. Entfernen der Blattstielgallen an der Pappel. Wahl weniger anfälliger Salatsorten. Insektizide gießen.

Ganz nah dran

Die zart gelblichen Läuse an den Wurzeln sind knapp 3 mm groß und produzieren reichlich Wachsausscheidungen.

Salat

Auf einen Blick

- Überdauerung als Ei auf der Schwarzpappel
- Kolonien von Blattläusen an den Salatwurzeln
- trockenwarme Witterung fördert die Wurzelläuse

Salat

Schwarzfäule

Rhizoctonia solani
Pilz

Steckbrief

Der Erreger wächst als Pilzgeflecht auf den oberen Bodenschichten. Er überdauert mit Hilfe von Dauerkörpern in infizierten Pflanzenresten. Die Infektion erfolgt über die unteren, auf dem Boden liegenden Blätter. Gefördert wird ein Befall durch geringen pH-Wert, hohen Humusgehalt sowie hohe Bodenfeuchte und Temperatur. Unter günstigen Bedingungen vergehen von der Infektion bis zur Symptomausbildung nur drei Tage. Bei Temperaturen unter 9 °C erfolgt keine Infektion mehr.

Symptome und Schadbild

Zu Beginn faulen die äußeren, dem Boden aufliegenden Blätter. Sie wirken transparent durchsichtig und sind braunschwarz gefärbt, wobei die Mittelrippe meist weiterhin gesund bleibt und nur dunkle Längsstreifen aufweist. Der Salatstrunk wird nicht angegriffen und bleibt weiß. Teils zeigt sich auf dem Blattgewebe ein spinnwebartiges Pilzgeflecht sowie braun gefärbte Dauerkörper.

Vorbeugen und bekämpfen

Vermeidung feuchter Bedingungen. Anbau von Salat auf Dämmen. Weniger anfällige Sorten bevorzugen. Anzucht mit Hilfe von Mulchfolien. Mehrjährige Anbaupause einplanen. Entfernen infizierter Erntereste. Vorbeugender Einsatz von Fungiziden.

Auf einen Blick

- **auf dem Boden liegende Blätter faulen**
- **Strunk bleibt weiter weiß und ohne Befall**
- **spinnwebartiges Pilzgeflecht auf dem Boden**

Ganz nah dran

Die braunen Dauerkörper (Sklerotien) sind isoliert betrachtet mit bloßem Auge erkennbar, aber im Boden liegend nicht mehr als solche erkennbar.

Spargelfliege

Platyparea poeciloptera
Fliege

Steckbrief

Eine Generation pro Jahr. In den unterirdischen Trieben überdauern die 8 mm großen, braunen Puppen. Etwa ab April, teils noch bis in den August hinein treten die dunklen Fliegen auf. Sie legen bis zu 60 nur 1 mm kleine Eier einzeln hinter die Schuppen der aus dem Boden ragenden Triebe. Die nach wenigen Tagen schlüpfenden Larven minieren während ihrer 3- bis 5-wöchigen Entwicklungszeit innerhalb der Triebe. Die Puppenruhe erfolgt im Trieb und kann bis zu 10 Monate dauern.

Symptome und Schadbild

Die jungen Triebe sind einseitig gekrümmt bis verdreht. Innerhalb der Triebe sind in Abhängigkeit von der Dicke eine bis mehrere Larven und ihre bis in den Boden reichenden, teils mit Kot angefüllten Miniergänge zu erkennen. Geschädigte Triebe welken und sterben anschließend ab.

Vorbeugen und bekämpfen

Befallene Triebe mit den enthaltenen Puppen tief ausstechen und entfernen. Ein Abdecken mit Vlies oder bei Einzelpflanzen mit Papiermanschetten verhindert eine Eiablage. Abfangen der Weibchen mit braun gefärbten Stableimfallen. Einsatz von Insektiziden gegen die Fliegen.

Ganz nah dran

Die Flügel der 8 mm großen Fliegen weisen ein auffällig helles Zickzackmuster auf. Die beinlosen, hellgefärbten Larven werden bis zu 10 mm groß.

Spargel

Auf einen Blick

- Fliegen mit hellem Zickzackmuster
- Larven minieren in den Trieben
- Eine Generation pro Jahr

Spargelhähnchen

Crioceris asparagi
Käfer

Steckbrief

2 Generationen pro Jahr. Der im Boden überwinternde Käfer tritt etwa ab April an den Spargelpflanzen auf. Das Weibchen legt bis zu 100 dunkle, fast 2 mm große Eier stiftartig abstehend zu mehreren auf die Stängel. Nach etwa einer Woche schlüpfen die Larven, die sich innerhalb von 3 Wochen am Spargel entwickeln und anschließend im Boden verpuppen. Die bis zu 7 mm großen, dunklen Larven haben drei Brustbeinpaare und einen schwarzen, glänzenden Kopf.

Symptome und Schadbild

Die überwinternden Käfer schädigen die Triebe insbesondere durch einen Lochfraß, der sie leicht abknicken lässt. Larven und Käfer fressen an allen oberirdischen Pflanzenteilen, lassen sich leicht lokalisieren. Bei Störung geben die Käfer zirpende Laute von sich. Häufig tritt das Spargelhähnchen mit dem Spargelkäfer vergesellschaftet auf.

Vorbeugen und bekämpfen

Gezieltes Abklopfen und Absammeln der Larven und Käfer. Förderung von Nützlingen Marienkäferlarven fressen die Larven vom Spargelhähnchen). Einsatz von Insektiziden gegen Käfer und Larven.

Auf einen Blick

- dunkler Käfer mit sechs hellen Flecken
- Eiablage stiftartig auf die Stängel
- Triebschäden durch die überwinternden Käfer

Ganz nah dran

Die dunkelrötlich glänzenden Käfer sind etwa 6 mm groß und besitzen sechs helle Flecken auf den Flügeldecken.

Spargelkäfer

Crioceris duodecimpunctata
Käfer

Steckbrief

2 Generationen pro Jahr. Der wärmebedürftige Spargelkäfer überwintert in der Bodenstreu und erscheint ab Mai. Das Weibchen legt 70 – 100 dunkle, etwa 1 mm große Eier einzeln flach an die Blätter. Die sich innerhalb von 3 – 5 Wochen entwickelnden braungelben Larven (Verpuppung im Boden) und die Käfer ernähren sich von oberirdischen Spargelteilen.

Symptome und Schadbild

Fraßschäden an allen oberirdischen Spargelorganen. Auf den Blättern, Blütenknospen und Beeren finden sich die Larven und erwachsenen Käfer. Die Larven fressen verstärkt an den Beeren. Bei geringer Störung geben die Käfer zirpende Laute von sich. Häufig kommt der Spargelkäfer auch zusammen mit dem Spargelhähnchen vor, tritt im Frühjahr aber zeitlich später auf.

Vorbeugen und bekämpfen

Wegen der begrenzten Fraßschäden meist nur geringer Schaden. Förderung von Nützlingen (Larven werden von Marienkäferlarven gefressen). Abklopfen und Absammeln der Larven und Käfer. Einsatz von Insektiziden.

Ganz nah dran

Der etwa 7 mm große, glänzend rote Käfer trägt auf den Flügeldecken zwölf schwarze Flecken („Zwölfpunkt-Spargelkäfer"). Die bis zu 7 mm großen Larven haben drei Brustbeinpaare.

Spargel

Auf einen Blick

- roter Käfer mit zwölf schwarzen Flecken
- Eiablage flach auf die Blätter
- Fraßschaden an allen oberirdischen Spargelteilen

Spargel

Spargelrost

Puccinia asparagi
Pilz

Steckbrief

Mit Hilfe seiner Wintersporen (Teleutosporen) überdauert der nur am Spargel auftretende Rostpilz an den erkrankten Spargeltrieben. Die etwa ab April auftretenden Basidiosporen infizieren die Spargelpflanze, auf denen nachfolgend weitere Sporenformen produziert werden (Spermatien, Aecidiosporen). Trockenwarme Bedingungen fördern das Auftreten der Krankheit, obgleich zur Infektion wenige Stunden Blattnässe nötig sind. Im Herbst werden die der Überwinterung dienenden Wintersporen gebildet.

Symptome und Schadbild

Es beginnt im Frühjahr mit gelben (Spermogonien) und orangefarbenen Pusteln (Aecidien), gefolgt von den wiederholt im Sommer auftretenden rostbraunen Pusteln (Uredolager). Die Pusteln der im Herbst gebildeten Wintersporenlager sind nahezu schwarz. Blätter und Triebe vergilben und trocknen ein. Deutliche Ertragseinbußen im Folgejahr durch verminderte Reservestoffeinlagerungen.

Vorbeugen und bekämpfen

Abräumen befallener Pflanzenteile im Herbst. Verwendung weniger rostanfälliger Sorten. Windoffene Lagen bevorzugen. Einsatz von Fungiziden.

Auf einen Blick

- gelbe bis orange Pusteln
- trockenwarme Bedingungen fördern den Pilz
- Überwinterung an den erkrankten Trieben

Ganz nah dran

Insbesondere durch die im Sommer wiederholt gebildeten nur 20 µm großen Uredosporen erfolgt eine größere Verbreitung des Pilzes im Bestand.

Stemphylium-Blattflecken

Stemphylium botryosum
Pilz

Steckbrief
Die Fruchtkörper des Pilzes überwintern am Spargellaub. Die dort gebildeten Sporen infizieren ab Mai die jungen Triebe. Förderlich sind feuchtwarme Bedingungen. In der Vegetationsperiode verbreitet der Wind die zyklusartig neu entstehenden Sporen. Bei Temperaturen unter 15 °C ist die Krankheitsentwicklung reduziert. Zum Herbst hin werden im Laub die Fruchtkörper zur Überwinterung gebildet.

Symptome und Schadbild
An Trieben und Blättern bilden sich im späten Frühjahr wenige Millimeter große, elliptisch geformte, anfangs fast weiße Flecken mit braunem Rand aus. Sie dunkeln durch den sich bildenden Sporenrasen deutlich nach. Oberhalb der stängelumfassenden Flecken befallene Triebe vergilben und sterben ab. Triebe verkahlen nach Abfall der Blätter. Die Schwächung der Pflanze wirkt sich negativ auf den Ertrag im nächsten Jahr aus. Abgestorbene Spargeltriebe sind im Herbst mit einer Vielzahl kleiner Fruchtkörper bestückt.

Vorbeugen und bekämpfen
Entfernung des befallenen Herbstlaubs. Weniger empfindliche Sorten bevorzugen. Dichte, enge Bestände vermeiden. Windoffene Lagen bevorzugen. Einsatz von Fungiziden.

Kommt auch vor an

Unter besonderen Bedingungen können neben Spargel als wichtigste Wirtspflanze auch andere Gemüsearten befallen werden, wie etwa Spinat oder Borretsch.

Spargel

Auf einen Blick
- Blätter und Triebe mit elliptisch geformten Flecken
- dichte, enge Bestände fördern den Pilz
- Pilz überdauert im Herbstlaub

Tomate

Auf einen Blick

- Bakterienkrankheit, die sich im Gefäßsystem ausbreitet
- Austritt von gelbem Bakterienschleim
- befallene Früchte mit „Vogelaugen"-Symptom

Bakterienwelke

Clavibacter michiganensis ssp. michiganensis
Bakterien

Steckbrief

An infiziertem Pflanzenmaterial können die Bakterien 2 – 3 Jahre überdauern, können auch über Samen übertragen werden. Die Infektion erfolgt anfangs über die Wurzeln und die Bakterien breiten sich im Gefäßsystem der Pflanze aus („Gefäßparasit"). Die Krankheit kann im Freiland und Gewächshaus auftreten. Der austretende Bakterienschleim führt durch Wasserspritzer und Kulturarbeiten zu einer weiteren Ausbreitung. Förderlich für die Bakterienentwicklung sind feuchte Bedingungen und hohe Temperaturen.

Symptome und Schadbild

Charakteristisch ist das zu Beginn auftretende Welken einzelner Fiederblätter oder weniger Teile der Pflanze, das sich dann rasch auf die ganze Pflanze ausdehnt. Auf den Stängeln sind braune Risse erkennbar, nach einem Schnitt zeigen sich im Innern verbräunte Leitungsbahnen. Zusammengedrückte Triebe sondern gelben Bakterienschleim ab. Infizierte Früchte besitzen wenige Millimeter große, braune, aufgerissene Punkte, die von einem weißen Rand umgeben sind („Vogelaugen").

Vorbeugen und bekämpfen

Verwendung von gesundem Saatgut. Bewässerung nur über den Boden. Entfernung infizierter Pflanzenreste. Mehrjährige Anbaupause. Desinfektion der Schnittwerkzeuge (70%iger Alkohol). Kein Einsatz von Pflanzenschutzmitteln möglich.

Ganz nah dran

Die einzelnen Bakterien sind mit einer Größe von etwa 1 µm (Millionstel Millimeter) mit bloßem Auge nicht erkennbar, nur in einer größeren Ansammlung (Bakterienschleim).

Dürrfleckenkrankheit

Alternaria solani
Pilz

Tomate

Steckbrief

Überwinterungs- und Infektionsquellen sind erkranktes Saatgut, Erntereste im Boden, verseuchte Tomatenstäbe sowie befallene Kartoffelpflanzen, auf denen der Pilz ebenfalls vorkommt. Die Verbreitung der Sporen erfolgt über Wind und Wasserspritzer. Förderlich dieser insbesondere im Freiland auftretenden Krankheit sind feuchte Bedingungen bei zugleich warmen Temperaturen.

Symptome und Schadbild

Meist beginnend von den älteren Blättern bilden sich braune, rundliche, teils deutlich zonierte Flecken, die einen gelben Rand besitzen. Sie befinden sich häufig am Blattrand oder sind von Blattadern begrenzt. Der Befall dehnt sich rasch aus, die Blätter rollen sich nach oben ein und vertrocknen. Auf allen braunen Stellen zeigt sich bei feuchter Witterung ein dunkler Sporenrasen. Manchmal zeigen sich längliche, braune Flecken auf den Trieben.

Vorbeugen und bekämpfen

Gesundes Saatgut verwenden. Nähe zu Kartoffeln meiden. Weiter Stand und Bewässerung nur über den Boden. Beseitigung infizierter Pflanzenrückstände. Tomatenstäbe desinfizieren. Einsatz von Fungiziden.

Nicht verwechseln!

Braune Stellen auf befallenen Früchten am Stielansatz, wobei das Fruchtfleisch aber weich bleibt (im Gegensatz zur sonst ähnlichen Kraut- und Braunfäule).

Auf einen Blick

- braune Flecken mit gelbem Rand an älteren Blättern
- Pilz tritt auch an Kartoffeln auf
- befallene Früchte werden weichfaul

Tomate

Auf einen Blick

- geschädigte Wurzeln mit zum Teil korkiger Oberfläche
- Pflanzen welken insbesondere bei sonnigem Wetter
- auf resistente Unterlagen veredelte Sorten nutzen

Korkwurzelkrankheit

Pyrenochaeta lycopersici
Pilz

Steckbrief

Der bodenbürtige Pilz überdauert mehrere Jahre lang im Boden. Die Wurzelinfektionen werden gefördert durch eher mäßige Temperaturen (14 – 18 °C), auftretende Wurzelverletzungen und Böden, die nur eine schlechte Bewurzelung erlauben. Die gebildeten Dauerkörper (Mikrosklerotien) überdauern im Boden oder in infizierten Wurzelresten.

Symptome und Schadbild

Oberirdisch zeigt sich insbesondere bei schon größeren Pflanzen und sonnigen Bedingungen eine zu Beginn erst zeitweise auftretende Welke, die sich aber rasch verstärkt. Die Blätter sind kleiner und blasser in der Farbe, zudem ist die Anzahl reduziert. Die feinen Seitenwurzeln sind zerstört oder ganz abgestorben. Die größeren Wurzeln sind verdickt, längs aufgerissen und haben später eine auffällig korkige Oberfläche (Name), wobei sich die äußere Schicht der Rinde sichtbar löst. Stärker geschädigte Pflanzen sitzen nur locker im Boden.

Vorbeugen und bekämpfen

Verwendung weniger anfälliger Sorten oder Veredlung auf resistente Unterlagen. Entfernen infizierter Wurzeln (nicht kompostieren). Ausgleichende Bewässerung im Sommer. Auf optimale Bodenstruktur achten. Ein Anhäufeln kann den Schaden begrenzen.

Kommt auch vor an

Neben Tomaten können auch Paprika, Melonen, Spinat und Aubergine befallen werden.

Kraut- und Braunfäule

Phytophthora infestans
Pilz

Tomate

Steckbrief
Der Pilz überwintert in infizierten Kartoffelknollen, seltener als Dauersporen in befallenen Pflanzenresten im Boden. Von diesen Infektionsquellen aus befallen die Sporen die Tomate, wegen der Verbreitung mit dem Wind auch über größere Distanzen. Temperaturen von 12 – 15 °C bei gleichzeitig nassen Blättern über mehrere Stunden sind optimal für eine Infektion, im weiteren Krankheitsverlauf ist feuchtwarme Witterung (20 – 23 °C) von Vorteil.

Symptome und Schadbild
Infizierte Blätter haben blattoberseits graugrüne, später deutlich braune Flecken, bei höherer Luftfeuchte bildet sich dort blattunterseits ein grauweißer Sporenbelag. Befall weitet sich bis zum Absterben der Blätter aus. Früchte werden vom Stielansatz her infiziert, sind teils großflächig braun mit runzeliger Oberfläche und einer tief ins Fruchtfleisch verhärtenden Fäule. An den Trieben braune, meist längliche, teils stängelumfassende Flecken.

Vorbeugen und bekämpfen
Sofern möglich, Nähe zu Kartoffeln meiden. Vor Feuchtigkeit geschützter Anbau (Pultdach, zur Wetterseite geschlossen). Weniger empfindliche Sorten bevorzugen. Weiter Stand und Bewässerung nur über den Boden. Erste befallene Blätter entfernen. Frühzeitiger Einsatz von Fungiziden.

Kommt auch vor an
An Kartoffeln ist der Pilz aufgrund des Befalls der Knollen als Kraut- und Knollenfäule bekannt.

Auf einen Blick
- erste Infektion über befallene Kartoffeln
- Früchte, Blätter und Triebe mit braunen Flecken und Fäulnis
- Pflanzen vor Feuchtigkeit schützen (Pultdach)

Tomate

Echter Mehltau

Oidium neolycopersici
Pilz

Steckbrief

Die möglichen Infektionsquellen sind teils noch unklar, vermutet wird ein Eintrag aus südlichen Regionen mit dem Wind. An Pflanzenresten können die gebildeten Sporen nur eine Woche überdauern. Förderlich für eine Infektion sind eher mäßige Temperaturen (16 – 18 °C) und eine Luftfeuchtigkeit von 70 %. Unter günstigen Bedingungen kann bereits in weniger als einer Woche der Zyklus von der Infektion bis zur erneuten Sporenbildung durchlaufen werden.

Symptome und Schadbild

Zunächst zeigen sich blattoberseits rundliche, mehlig weiße Flecken, die später zusammenfließen und rasch die ganze Blattspreite befallen können. Im weiteren Verlauf verfärben sich die Stellen braun, die Blätter welken und trocknen ein. Der weißliche Belag tritt teils auch auf den Stängeln und Blattstielen auf, die Früchte bleiben jedoch befallsfrei.

Vorbeugen und bekämpfen

Weniger anfällige Sorten bevorzugen. Beim Zukauf Jungpflanzen auf Befall kontrollieren. Frühzeitiger Einsatz von Fungiziden.

Auf einen Blick

- weißer, mehliger Belag auf der Blattoberseite
- Früchte ohne Befall
- rascher Krankheitsverlauf im Gewächshaus

Ganz nah dran

Bei diesem nur an Tomate und meist im Gewächshaus auftretenden Pilz fehlen die sonst bei Echten Mehltaupilzen mit bloßem Auge erkennbaren Überdauerungsorgane (Kleistothecien).

Samtfleckenkrankheit

Cladosporium fulvum
Pilz

Tomate

Steckbrief

Der Pilz tritt bevorzugt im Gewächshaus auf, kann dort viele Monate an Innenkonstruktionen sowie infizierten Pflanzenresten im Boden überdauern. Für Infektionen durch Wind und Wasserspritzer ist eine bestimmte Temperatur / Luftfeuchtigkeitskombination Voraussetzung, wobei eine höhere Temperatur eine geringere Luftfeuchte erfordert (etwa 20 °C / 80 % RF; 25 °C / 70 % RF). Nur die Blätter werden infiziert. Von der Infektion bis zur Symptomausbildung vergehen unter günstigen Bedingungen weniger als 2 Wochen.

Symptome und Schadbild

Es beginnt mit gelblichen, diffus wirkenden Flecken auf der Blattoberseite, häufig zuerst an älteren Blättern. Später bildet sich blattunterseits ein samtartiger, brauner Sporenrasen (Name). Bei stärkerem Befall sterben die Blätter vollständig ab. Früchte bleiben symptomlos, deren Anzahl ist jedoch aufgrund des Blattbefalls vermindert.

Vorbeugen und bekämpfen

Verwendung resistenter Sorten. Vermeidung einer längeren Blattnässedauer (weiter Pflanzabstand, Bewässerung der Pflanzen über den Boden, gezieltes Lüften im Gewächshaus). Entfernung infizierter Pflanzenreste. Säuberung der Gewächshauskonstruktionen nach der letzten Ernte. Fungizideinsatz.

Ganz nah dran

Der Pilz bildet unterschiedliche Rassen aus, die sich aber äußerlich in ihrem Auftreten und ihrer Symptomatik auch mit Hilfe einer Lupe nicht unterscheiden lassen.

Auf einen Blick

- brauner, samtartiger Belag auf der Blattunterseite
- Früchte werden nicht befallen
- Pilz tritt bevorzugt im Gewächshaus auf

Tomate

Septoria-Blattfleckenpilz

Septoria lycopersici
Pilz

Steckbrief

Über 9 Monate überdauert dieser Pilz auf befallenen Pflanzenresten, der nur regional und meist auch nur im Freiland auftritt. Wasserspritzer und Wind verbreiten die Sporen. Eine feuchte Witterung und eher mäßig warme Temperaturen fördern die Ausbreitung des Erregers.

Symptome und Schadbild

Infizierte Blätter besitzen anfangs wässrige Stellen, die rasch grau werden, von einem dunkleren Ring umgeben sind und dessen weiteres Umfeld deutlich vergilbt ist. Innerhalb der Flecken finden sich auf der Blattunterseite die punktförmigen, dunklen Fruchtkörper. Die Einzelflecken erreichen meist nur eine Größe von 5 mm. In der Summe kann jedoch das ganze Blatt befallen werden und vertrocknen. Früchte werden nicht infiziert, die Stängel nur selten. Bedingt durch den frühzeitigen Laubfall sind Sonnenbrandschäden an den Früchten leicht möglich.

Vorbeugen und bekämpfen

Entfernung der infizierten Erntereste. Weniger anfällige Sorten bevorzugen. Einsatz von Fungiziden.

Auf einen Blick

- tritt meist nur im Freiland auf
- nur Blätter werden befallen, Früchte zeigen keine Symptome
- Überdauerung des Pilzes in infizierten Pflanzenresten

Nicht verwechseln!

Im Gegensatz zur Dürrfleckenkrankheit werden die Früchte nicht befallen, auch tritt auf den Blättern kein flächiger, dunkler Sporenrasen auf.

Tomatenminierfliege

Liriomyza bryoniae
Fliege

Steckbrief

2 Generationen pro Jahr. Die Puppe überwintert im Boden. Die Weibchen legen ihre Eier einzeln in die Tomatenblätter. Die Fliegen ähneln einer Stubenfliege, sind jedoch mit 2 mm deutlich kleiner und schwarzgelb gefärbt. Die aus den Eiern schlüpfenden, gelblichen, beinlosen Larven minieren im Blatt und werden etwa 2 mm groß. Die spätere Verpuppung erfolgt im Blatt, teils auch im Boden. Während im Freiland 2 Generationen pro Jahr auftreten, sind im Gewächshaus deutlich mehr möglich.

Symptome und Schadbild

Mehrfach gewundene, schmale, serpentinenartige Miniergänge in den Blättern, die mit dunklem Kot sowie einer gelblichen Larve („Made") gefüllt sind. Ein starker Befall führt zur Welke und zum Absterben der Blätter.

Vorbeugen und bekämpfen

Frühzeitiges Entfernen der mit Larven bestückten Blätter. Einsatz von Nützlingen (Schlupfwespen) im Gewächshaus. Aufgehängte Leimtafeln fangen die erwachsenen Fliegen weg. Einsatz von Insektiziden gegen die Larven im Blatt.

Nicht verwechseln!

An Tomate treten neben dieser Minierfliege noch andere Arten auf, die ähnliche Symptome hervorrufen (z. B. Florida- oder Adernminierfliege).

Tomate

Auf einen Blick

- serpentinenartige Miniergänge im Blatt
- Puppe überdauert im Boden
- Minierfliege ähnlich einer Stubenfliege, aber deutlich kleiner

Tomate

Auf einen Blick

- noch recht „neuer“ Schädling
- tritt bevorzugt im Gewächshaus auf
- Minier- und Fraßgänge in Blättern, Trieben und Früchten

Tomatenminiermotte

Tuta absoluta
Schmetterling

Steckbrief

4–5 Generationen pro Jahr (Gewächshaus). Dieser neue, bei uns im Freiland nicht überwinterungsfähige Schädling wird über Jungpflanzen oder befallene Tomatenfrüchte unbemerkt eingeschleppt. Die bis zu 250 Eier werden einzeln auf die Unterseite der Blätter, teils auch in den Stängel abgelegt. Die bis zu 9 mm langen Larven entwickeln sich in Blatt, Stängel oder der Frucht. Die Verpuppung erfolgt meist im Boden.

Symptome und Schadbild

Die Larven minieren in Blättern, Stängel oder der Frucht. Die Minen im Blatt sind keine Gänge, sondern haben eine eichenblattähnliche, deutlich vergrößerte Form („Platzmine“). Ein Miniergang im Stängel der Tomate führt zur Welke und zum Absterben der Pflanze. Bevorzugt junge, grüne Früchte werden von den Larven besiedelt (Fraßgänge mit Löchern).

Vorbeugen und bekämpfen

Absammeln befallener Blätter vor der Verpuppung. Abfangen der Männchen mittels Pheromonfallen. Befallskontrolle gekaufter Jungpflanzen. Rücksprache mit dem Pflanzenschutzamt. Einsatz von Insektiziden gegen die Larven.

Ganz nah dran

Die dämmerungs- und nachtaktiven 7 mm großen, graubraunen Falter tragen lange fadenförmige Fühler. Die Larven sind anfangs grünlich, später rötlich.

Tomatenstängelfäule

Didymella lycopersici
Pilz

Steckbrief

Der Pilz überdauert in infiziertem Saatgut und Pflanzenresten im Boden, aber auch an Stangen und Schnüren. Der Erreger infiziert bevorzugt die bodennahen Stängel, befällt aber auch Wurzeln, Früchte und Blätter. Schwere Böden und Temperaturen um 15 °C fördern die Krankheitsentwicklung. Insbesondere über Wasserspritzer und Kulturarbeiten wird der Pilz im Tomatenbestand verbreitet.

Symptome und Schadbild

Die Stängel verfärben sich am Wurzelhalsbereich braun und sind deutlich eingeschnürt, das hat Welke und Absterben der Pflanze zur Folge. An den befallenen Stellen finden sich in oft hoher Zahl die dunklen, 0,2 mm kleinen Fruchtkörper des Pilzes. Oberhalb der Schadstelle ist eine erhöhte Adventivwurzelbildung erkennbar. Feuchte Witterung vorausgesetzt treten auch an den oberirdischen Trieben Verbräunungen auf. Infizierte Früchte zeigen oft ausgehend vom Fruchtstielansatz eine teils größere, braune, meist rundliche Fruchtfäule mit konzentrischen Ringen.

Vorbeugen und bekämpfen

Entfernung befallener Pflanzen. Verwendung von gesundem Saatgut. Einsatz von Fungiziden. Desinfektion verwendeter Tomatenstäbe. Verwendung neuer Schnüre. Einsatz veredelter Sorten auf einer nicht anfälligen Unterlage. Mehrjährige Anbaupause.

Kommt auch vor an

Neben Tomate kann der Pilz auch an Kartoffel, Paprika und Aubergine Schäden verursachen.

Tomate

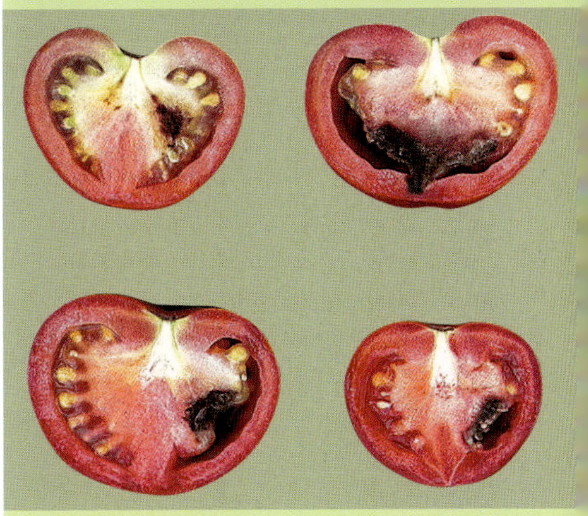

Auf einen Blick

- Befall bevorzugt am unteren Stängelabschnitt
- Bildung dunkler Fruchtkörper auf den Befallsstellen
- Fruchtfäule beginnt vom Stielansatz her

Lauchmotte

Acrolepiopsis assectella
Schmetterling

Steckbrief

2 Generationen pro Jahr. Ab April treten die nachtaktiven Falter auf. Das Weibchen legt bis zu 100 Eier an die Blätter von Porree, Schnittlauch und Zwiebel. Die gelblichen Larven mit dunklen Punkten dringen nach einem Schabefraß minierend in die Blätter ein. Die spätere Verpuppung erfolgt in einem netzartigen, 7 mm großen Kokon außen an der Pflanze. Die Falter der zweiten Generation treten ab Juli auf, die später überwinternden Tiere ab November.

Symptome und Schadbild

Anfänglich tritt ein Schabefraß an den Blättern auf, später in befallenen Blättern abwärts gerichtete Miniergänge, die mit Kot gefüllt sind. Im Innern finden sich dann die Raupen. Häufig stellt sich Fäulnis ein. Die Raupen dringen bis in die Herzblätter hinein, in einem Strunk können sich viele Larven aufhalten.

Vorbeugen und bekämpfen

Einsatz von engmaschigen Kulturschutznetzen. Erste Larvengänge mit den enthaltenen Raupen zerdrücken. Einsatz von Insektiziden gegen die jungen Larven.

Auf einen Blick

- Überwinterung als Falter
- Schabe- und Minierfraß der Larven
- Verpuppung in einem netzartigen Kokon am Blatt

Ganz nah dran

Der 7 mm große, braune Falter besitzt einen auffällig weißen Fleck auf den Vorderflügeln. Die bis zu 12 mm großen Larven besitzen drei Brust- und fünf Bauchbeinpaare.

Mehlkrankheit

Sclerotium cepivorum
Pilz

Zwiebelgewächse

Steckbrief
Mit Hilfe seiner nur 0,5 mm kleinen, dunkel gefärbten Dauerkörper (Sklerotien) kann der Pilz bis zu zwei Jahrzehnte im Boden überdauern. Durch Bodenbearbeitung, Werkzeuge, Schuhwerk und Wind werden diese Dauerkörper leicht übertragen. Angeregt von Wurzelausscheidungen der Zwiebelpflanzen keimen sie aus und infizieren anschließend die Wurzeln. Geringe pH-Werte und eine mittlere Bodenfeuchte fördern den Pilz im Boden. Mäßige Temperaturen (15 – 20 °C) gelten als optimal für Infektion und Ausbreitung im Boden, sodass insbesondere im Frühjahr und Herbst sowie im kühlen Sommer mit Schäden zu rechnen ist.

Symptome und Schadbild
Infizierte Sämlinge sterben noch während der Auflaufphase vollständig ab. Bei älteren Pflanzen stellt sich oberirdisch eine Welke ein. Befallene Zwiebeln lassen sich aufgrund der Wurzelschädigung leicht aus dem Boden ziehen. Am Zwiebelboden zeigt sich ein weißes, watteartiges Pilzgeflecht, in dem sich später auch viele schwarze Dauerkörper (Sklerotien) zeigen.

Vorbeugen und bekämpfen
Keine infizierten Erntereste im Beet belassen. Fruchtfolge von mindestens 8 Jahren einhalten. Kein Anbau auf sauren Böden. Keine überhöhte Stickstoffdüngung. Einsatz von Fungiziden.

Ganz nah dran

Im Gegensatz zu vielen anderen Pilzen bildet diese Art keine Sporen zur Verbreitung aus, sondern verbreitet sich nur durch Dauerkörper und sein Myzel.

Auf einen Blick
- **Zwiebelboden mit weißem Pilzgeflecht**
- **Pilz langjährig im Boden (Dauerkörper) überlebensfähig**
- **Pilz schädigt insbesondere im Frühjahr und Herbst**

Zwiebelgewächse

Falscher Mehltau

Peronospora destructor
Pilz

Steckbrief

Der Pilz überdauert auf befallenen Pflanzenresten oder überwinternden Zwiebeln, zudem werden Dauersporen (Oosporen) ausgebildet. Die auf den Blättern insbesondere nachts gebildeten Sporen werden tagsüber mit dem Wind auch über größere Entfernungen verbreitet. Zur Infektion ist eine mehrstündige Blattnässe erforderlich. Unter günstigen Bedingungen vergehen von der Infektion bis zur Symptomausbildung nur 1 – 2 Wochen.

Symptome und Schadbild

Verstärkt an der Blattspitze bilden sich meist ovale, helle Flecken in teils hoher Zahl. Auf diesen entsteht bei feuchter Witterung ein violetter Rasen aus verzweigten Trägerstrukturen mit Sporen. Die Blätter vertrocknen und sterben von der Spitze her ab, manchmal das gesamte Laub. Aufgrund der reduzierten Blattfläche bleiben die Zwiebeln klein.

Vorbeugen und bekämpfen

Feuchte Lagen, dichte Bestände und eine starke Verunkrautung vermeiden. Erkrankte Pflanzen und deren Reste entfernen. Mehrjährigen Fruchtwechsel einhalten. Weniger anfällige Sorten verwenden. Einsatz von Fungiziden.

Auf einen Blick

- **zunächst ovale, helle Flecken an der Blattspitze**
- **Taunächte und eine warme Tageswitterung fördern den Pilz**
- **rasche Krankheitsentwicklung möglich**

Kommt auch vor an

Der Pilz befällt Zwiebeln, selten auch Schnittlauch und Porree. Förderlich für die Krankheitsentwicklung sind kühle Nächte mit Taubildung in Verbindung mit mäßig warmen Tagestemperaturen von 15 – 20 °C.

Papierfleckenkrankheit

Phytophthora porrii
Pilz

Steckbrief

Mit Hilfe seiner mikroskopischen Dauersporen kann der Pilz in Pflanzenresten oder im Boden für mehrere Jahre überdauern. Die Verbreitung im Bestand erfolgt durch die auf den Blättern gebildeten Sporen mit Hilfe von Wind und Wasserspritzern. Gefördert wird der Pilz durch feuchte Bedingungen und mäßig warme Temperaturen (15 – 20 °C).

Symptome und Schadbild

Es beginnt mit durchscheinenden, wässrigen Flecken an den Blattspitzen, die rasch eintrocknen, sich hell verfärben und papierartig anfühlen (Name). Die grünliche Übergangszone zum gesunden Gewebe ist wässrig. Auf den gebildeten Flecken bildet sich teils auch ein Sporenrasen aus. Stärker befallene Blätter sterben von der Spitze her unter Gelbfärbung ab. Das Wachstum der Pflanzen ist deutlich reduziert.

Vorbeugen und bekämpfen

Infizierte Pflanzen und deren Reste entfernen. Fruchtwechsel von 4 Jahren beachten. Weniger empfindliche Sorten verwenden. Stroh als Mulchschicht verwenden. Windgeschützte, feuchte Lagen für den Anbau meiden. Einsatz von Fungiziden.

Kommt auch vor an

Schäden treten insbesondere am Porree auf, meist eher im Spätsommer, Zwiebeln können aber auch befallen werden.

Zwiebelgewächse

Auf einen Blick

- wässrige Blattflecken, die später papierartig eintrocknen
- langjährige Überdauerung des Pilzes im Boden
- insbesondere Porree ist im Spätsommer gefährdet

Porreeminierfliege

Napomyza gymnostoma
Fliege

Steckbrief

2 Generationen pro Jahr. Die nicht nur an Porree, sondern an allen Zwiebelgewächsen vorkommende Minierfliege überwintert als braune, 4 mm große Puppe in ihren Wirtspflanzen. Ab April schlüpfen die Fliegen. Die Weibchen legen nach Aufnahme von Pflanzensaft ihre nur 0,5 mm kleinen Eier in das Blattgewebe, in dem die Larvenentwicklung und Verpuppung erfolgen. Die Fliegen der zweiten Generation treten ab September auf.

Symptome und Schadbild

Die Weibchen bohren zur Nahrungsaufnahme Blattstellen an, diese sind dann oft als helle Punktreihen im Bereich der Blattspitzen erkennbar. In den Lauchblättern zeigen sich von oben nach unten verlaufende Miniergänge, in denen sich die Larven und Kotreste befinden (von außen sind scheinbare Unterbrechungen erkennbar) und Fäulnis auftritt. Am Gangende treten die braunen Puppen auf.

Vorbeugen und bekämpfen

Befallene Blattspitzen entfernen. Abdeckung mit engmaschigen Kulturschutznetzen vor der Flugzeit. Befallene Pflanzenreste entfernen. Frühzeitiger Insektizideinsatz gegen die Larven.

Auf einen Blick

- **Eiablagestellen als helle Punktreihen an den Blattspitzen**
- **Blätter mit nach unten verlaufenden Miniergängen**
- **2 Generationen pro Jahr**

Ganz nah dran

Die 5 mm große, graue Minierfliege ähnelt einer Stubenfliege, besitzt aber einen auffällig gelben Kopf. Die beinlosen, vorne zugespitzten Larven („Maden“) sind weiß.

Porreerost

Puccinia allii
Pilz

Steckbrief

Bildet wie andere Rostpilze unterschiedliche Sporenformen aus. Überwinternde Sporen führen im Frühjahr zu ersten Infektionen. Bedingt durch bestimmte Witterungsfaktoren (10 – 25 °C, hohe Luftfeuchte) nimmt der Befall an Porree im August und September deutlich zu. Dichte Bestände und eine erhöhte Stickstoffdüngung fördern das Auftreten des Pilzes.

Symptome und Schadbild

Auf den Blättern zeigen sich ovale, bis zu 5 mm lange, orange Flecken, die meist von einer blass grünlichen Farbe umgeben sind. Diese Stellen reißen später auf und entlassen über den Sommer die rostfarbenen Uredosporenlager. Zum Herbst bilden sich auf dem erkrankten Gewebe vereinzelt die fast schwarzen Teleutosporenlager. Die Blätter sind in der Summe deutlich blasser gefärbt, zudem ist das Wachstum reduziert.

Vorbeugen und bekämpfen

Entfernung von Pflanzenresten. Erkrankte Pflanzen vom Vorjahr frühzeitig entfernen. Weniger anfällige Sorten verwenden. Großzügiger Pflanzenabstand, keine überhöhten Düngergaben. Einsatz von Fungiziden.

Ganz nah dran

Die rostfarbenen, nur 20 µm großen Uredosporen überdauern auf überwinternden Pflanzen, die dunklen, zweizelligen Wintersporen (Teleutosporen) an erkrankten Pflanzenrückständen.

Auf einen Blick

- rostbraune, später auch dunkle Pustelbildung an den Blättern
- dichte Bestände meiden
- Pilz überdauert in Pflanzenresten oder infizierten Pflanzen

Purpurfleckenkrankheit

Alternaria porrii
Pilz

Steckbrief

Der Pilz überdauert in Saatgut, infizierten Pflanzenresten im Boden (über 1 Jahr) und überwinternden Zwiebelpflanzen. Die auf den Blattflecken erfolgte Sporenbildung wird durch warme (20 – 30 °C) und feuchte Bedingungen (Niederschläge, Bewässerung) gefördert. Gesundes Gewebe und durch Wunden oder Insekten (Thripse) vorgeschädigtes Pflanzengewebe kann infiziert werden. Verbreitung der Sporen durch Wind und Wasserspritzer.

Symptome und Schadbild

Die ersten länglichen, deutlich zoniert ovalen Flecken mit grauem, später durch den gebildeten Sporenrasen schwarzem Zentrum entstehen bevorzugt in der oberen Blatthälfte. Umgeben sind die Flecken von einer purpurfarbenen Randzone (Name). Die befallenen Blätter beginnen sich einzudrehen, reißen auf, schnüren sich ein und sterben ganz ab. Bei Porree kann auch der Schaft befallen werden, der dann rasch in eine sekundäre Fäule übergeht.

Vorbeugen und bekämpfen

Weniger anfällige Sorten verwenden. Einsatz von gesundem Saatgut. Entfernung befallener Pflanzen und Erntereste. Mehrjährige Fruchtfolge. Stroh als Mulchschicht nutzen. Weiter Pflanzabstand. Einsatz von Fungiziden.

Auf einen Blick

- längliche, graue Blattflecken mit purpurfarbener Randzone
- Blätter mit zusätzlichen Deformationen
- vielfältige Überdauerungsmöglichkeiten des Pilzes

Ganz nah dran

Die einzelnen, deutlich dunkel gefärbten und birnenförmigen Sporen sind bis zu 0,3 mm groß und besitzen ein längeres, schmales Ende. In ihrer Gesamtheit sind sie mit der Lupe gut erkennbar.

Zwiebelfliege

Delia antiqua
Fliege

Steckbrief

2 – 3 Generationen pro Jahr. Die braunen, etwa 8 mm großen tönnchenförmige Puppen überwintern flach im Boden. Ab Ende April treten die Fliegen auf. Sie nehmen etwa eine Woche lang Nektar und Pollen vom Löwenzahn auf, paaren sich. Dann legen die Weibchen ihre ovalen, weißen, etwa 1 mm großen Eier meist als kleines Gelege in den Boden in unmittelbare Nähe der Zwiebeln. Die beinlosen, weißen Larven dringen in den Zwiebelkörper ein, verpuppen sich später im Boden mit einer Länge von 8 mm. Ein Auftreten der Zwiebelfliege wird durch windstille, eher feuchte Lagen gefördert.

Symptome und Schadbild

Junge Pflanzen kümmern und sterben teils ab. In den geschädigten Zwiebeln befinden sich teils mehrere Larven. Eine Larve kann in ihrer mehrwöchigen Entwicklungszeit 2 – 3 Pflanzen zerstören. Aufgrund der Larvenbesiedlung stellt sich zusätzlich oft eine übel riechende Fäulnis ein.

Vorbeugen und bekämpfen

Frühzeitige Abdeckung mit Kulturschutznetzen. Windoffene, eher trockene Lagen bevorzugen. Förderung von Nützlingen (Laufkäfer). Einsatz von Insektiziden in den Boden zur Larvenbekämpfung.

Ganz nah dran

Die 8 mm große Zwiebelfliege ähnelt einer hellen Stubenfliege.

Zwiebelgewächse

Auf einen Blick

- Puppe überwintert im Boden
- Schädigung der Larven am Zwiebelboden
- Larven sind beinlos und weiß („Maden“)

Zwiebelminierfliege

Liriomyza nietzkei

Fliege

Steckbrief

2 Generationen pro Jahr. Etwa ab Mitte Mai treten die erwachsenen Fliegen auf. Sie ähneln Stubenfliegen, sind jedoch nur knapp 3 mm groß und haben einen gelblichen Kopf. Die Weibchen stechen das Blattgewebe an und nehmen den austretenden Pflanzensaft auf. Die Weibchen legen bis zu 30 Eier einzeln in die Blattspitze ab. Die sich entwickelnden Larven minieren im Blattgewebe. Die beinlosen, hellen Larven werden etwa 4 mm groß. Die Verpuppung erfolgt später im Boden. Etwa ab August fliegt die zweite Generation. Die braunen Puppen überwintern flach im Boden.

Symptome und Schadbild

Eine Vielzahl von hellen Einstichstellen an den Blättern. Dünne Miniergänge, teils auch verästelt, in denen helle, beinlose Larven freigelegt werden können. Blätter krümmen sich und welken.

Vorbeugen und bekämpfen

Abdeckung mit engmaschigen Kulturschutznetzen. Befallene Blattspitzen früh entfernen. Einsatz von Insektiziden gegen die jungen Larven.

Auf einen Blick

- Puppe überwintert im Boden
- dünne, teils verästelte Miniergänge im Blatt
- 2 Generationen pro Jahr

Nicht verwechseln!

Das Schadbild ähnelt sehr dem der Porreeminierfliege (siehe Seite 172) und lässt sich auch kaum von diesem unterscheiden, auch sind die Schritte zur Bekämpfung vergleichbar.

Zwiebelthrips

Thrips tabaci
Thrips

Steckbrief

4 – 6 Generationen pro Jahr. Die erwachsenen Thripse überwintern im Boden. Bis zu 100 nur 0,3 mm kleine Eier werden in das Blattgewebe abgelegt. Die Entwicklung zum Thrips erfolgt über Larven an der Pflanze und zwei Ruhestadien im Boden, wird durch trockenwarme Witterung gefördert. So benötigen die Tiere bei 20°C für einen Zyklus 3 – 4 Wochen, nur 2 Wochen bei 30 °C. Zwiebelthripse treten neben Zwiebelgewächsen (Porree) auch an Zierpflanzen, anderen Gemüsekulturen und Unkräutern auf.

Symptome und Schadbild

Die besaugten Stellen färben sich unter Lufteintritt weißlich silbrig und sind oft streifig auf dem Blatt angeordnet. Teils verkorken die Stellen und werden braun. Auf den Blättern, insbesondere im unteren Bereich, sind die Thripse, deren Larven und schwarze Kottropfen anzutreffen.

Vorbeugen und bekämpfen

Weniger anfällige Sorten bevorzugen. Abdeckung mit engmaschigen Netzen. Umgraben im Herbst. Entfernung von Pflanzenresten. Nützlingsförderung (Blumenwanzen, räuberische Thripse). Einsatz von Insektiziden.

Ganz nah dran

Die schlanken, etwa 1 mm großen, hell- bis dunkelbraunen Thripse besitzen zwei fransige Flügelpaare, die schwertförmig über dem Rücken liegen. Die 0,7 mm großen flügellosen Larven ähneln den erwachsenen Tieren.

Auf einen Blick

- weißlich silbrige Saugstellen auf den Blättern
- schlanke, nur 1 mm große Tiere
- bis zu 6 Generationen pro Jahr

Service

Auf den folgenden Seiten finden Sie jede Menge zusätzliche Tipps, wie Sie Ihren Gartenpflanzen wieder auf die Beine helfen können.

Anzeichen für einen Nährstoffmangel

Mangelsymptome an Pflanzen können durch einen echten Nährstoffmangel im Boden hervorgerufen werden. Sie können aber auch durch Nährstoffkonkurrenz gegenüber anderen Nährstoffen erzeugt werden. Beispielsweise kann ein Kaliummangel durch einen Überschuss von Magnesium im Boden entstehen. Außerdem können bestimmte Umweltbedingungen wie etwa Kälte oder geringer Sauerstoffgehalt im Boden eine Aufnahme bestimmter Nährstoffe erschweren oder sogar ganz verhindern. Bei kritischen Diagnosefällen empfiehlt sich daher neben einer Bodenuntersuchung eine zusätzliche Pflanzenanalyse. Hilfreiche Adressen entsprechender Labore finden Sie auf Seite 179.

Nährstoff (Abkürzung)	Mangelsymptome
Stickstoff (N)	Vergilbung der älteren Blätter (Chlorophyllabbau) Pflanzen mit reduziertem Wachstum (Triebwachstum, Dickenwachstum) kleinere Blätter ohne Formveränderung teils rötliche Blattverfärbung (Anthozyanbildung)
Kalium (K)	Blattrand der älteren Blätter sind chlorotisch bis später nekrotisch Blattränder sind nach oben oder unten gebogen Neigung zum Welken („Welketracht“)
Magnesium (Mg)	ältere Blätter mit Interkostalchlorosen, später nekrotisch werdend Blattadern mit breitem, grünen Saum („Fischgrätenmuster“) Blattränder bleiben häufig noch grün Blattspitzen und Blattränder sind häufig aufwärts gewölbt später häufig Abwurf der älteren Blätter
Eisen (Fe)	jüngste Blätter vergilben bei scharf abgesetzten, grün gefärbten Hauptadern
Mangan (Mn)	jüngste und mittlere Blätter mit Interkostalchlorosen Hauptader weiter grün gefärbt mit deutlichem Saum
Schwefel (S)	jüngste Blätter einschließlich der Blattadern vergilben zunehmend reduziertes Wachstum eher in industriefernen ländlichen Regionen (kein Eintrag über die Luft) löffelartige Blattmissbildungen bei Kohlgewächsen
Calcium (Ca)	junge Blätter der Triebspitze sind hakenförmig umgebogen Abknicken der Stängel unter der Blüten- oder Sprossspitze Blütenendfäule bei Früchten (Tomate, Paprika), Stippigkeit bei Apfel Blattrandnekrosen bei Gemüsepflanzen (Salat)

Chlorose: Gelbfärbung (Vergilbung) von Gewebe
Nekrose: abgestorbenes, braunes Gewebe
Interkostalfelder: Blattbereiche zwischen den Blattadern

Was fehlt meinen Pflanzen?

Die Anfälligkeit von Pflanzen gegenüber Krankheiten steigt grundsätzlich mit einem mangelhaften Nährstoffangebot und / oder einer eingeschränkten Verfügbarkeit im Boden.
Eine Bodenuntersuchung bei einer Neuanlage eines Gartens oder sonst im Abstand von etwa 3 – 5 Jahren ist sinnvoll, um genau zu wissen, was dem Boden bzw. Ihren Pflanzen fehlt.
Wenn Sie eine Untersuchung in Auftrag geben, fordern Sie gleich auch eine Düngerempfehlung (Gartenpass) an. Nachfolgend eine kurze Auswahl von Laboren, die Bodenproben für Hobbygärtner untersuchen. Die Kosten pro Untersuchung betragen, je nach Untersuchungsumfang, etwa 20 – 30 Euro.

Agrolab Labor
84079 Bruckberg
Tel.: 08765 / 939960
www.agrolab.de

Landwirtschaftliches Bodenlabor Dr. Eugen Lehle
89150 Laichingen-Machtolsheim
Tel.: 07333 / 947212
www.bodenlabor.de

Chemisch-Biologisches Laboratorium
91522 Ansbach
Tel.: 0981 / 97257720
www.rietzleranalytik.de

Chemisches Labor Dr. Graser
97453 Schonungen
Tel.: 09721 / 75760
www.labor-graser.de

Ingenieurbüro für Materialreports und Umweltanalytik
82515 Wolfratshausen
Tel.: 08171 / 380100
www.gartenpass.de

Verband Deutscher Landwirtschaftlicher Untersuchungs- und Forschungsanstalten
67346 Speyer
www.vdlufa.de
(Auflistung von rund 90 Laboren in Deutschland)

Als Freeware erhältlich ist ein komfortables PC-Programm mit Namen DiG (Düngung im Garten) aus dem Jahre 2010, das auf den Seiten der Forschungsanstalt für Gartenbau Weihenstephan zum Download angeboten wird.
www.hswt.de/fgw/wissenspool/software /eigene-produkte/dig-duengung-im-garten.html

Stärkungsmittel für Ihre Pflanzen

Das Themenportal http: //pflanzenstaerkungsmittel.jki.bund.de wird vom JKI (Julius-Kühn-Institut) angeboten und umfasst eine umfangreiche Informationssammlung zu den in Deutschland gelisteten Pflanzenstärkungsmitteln. Über eine integrierte Datenbank können nach Auswahl von beispielsweise dem Schaderreger oder der betroffenen Pflanze hier einsetzbare Produkte aufgerufen werden, die auch näher vorgestellt werden.

Aktuell einsetzbare Pflanzenschutzmittel

Der Zulassungsstand von Pflanzenschutzmitteln ändert sich monatlich (!), eine tabellarische Übersicht wäre somit veraltetet bevor das Buch gedruckt ist. Es gibt jedoch andere Wege, einen aktuellen Überblick zu erhalten. Einerseits genügt ein Anruf beim jeweils zuständigen Pflanzenschutzamt (siehe Seite 182) oder Sie nutzen die folgenden Internetadressen und recherchieren dort selber. Nachfolgend hierzu einige empfehlenswerte, bundesweit einsetzbare Internetseiten mit kurzer Erläuterung zur Nutzung.

www.pflanzenschutz.hamburg.de/nav-haus-garten
Das Pflanzenschutzamt Hamburg bietet auf seiner Seite (bis ganz unten durchblättern) eine pdf-Datei an, die in kompakter Form den jeweils aktuellen Zulassungsstand tabellarisch auflistet. Die Liste ist für die Beratung und den etwas versierteren Hobbygärtner ausgerichtet, da die Gliederung nach Wirkungsspektrum (Fungizide, Insektizide etc.) und Wirkstoffen erfolgt. Zusätzlich besteht die Möglichkeit in einen Mailverteiler aufgenommen zu werden, sodass man jeden Monat die aktuelle Liste per Mail erhält.

https: //portal.bvl.bund.de/psm/jsp
Das BVL (Bundesamt für Verbraucherschutz und Lebensmittelsicherheit) als Zulassungsbehörde in Deutschland bietet über diese Seite eine datenbankgestützte Abfragemöglichkeit zum aktuellen Zulassungsstand an. Im Feld „HuK / Alle" die Position Haus und Kleingarten anwählen. Die weitere Suche erfolgt einfach mit anklickbaren Feldern etwa zum Schadorganismus und zur Kultur. Zu allen Produkten finden sich detaillierte Beschreibungen, u.a. zum Einsatzgebiet, zu Auflagen und zu den jeweiligen Anwendungsbestimmungen.

www.pflanzenschutz-gartenbau.de
Für diese online-Datenbank verantwortlich ist das Dienstleistungszentrum Ländlicher Raum Rheinpfalz. Nach Auswahl des Punktes „Suche" auf das Einsatzgebiet „Haus- und Kleingarten" klicken. Durch weiteres Auswählen von Kultur und Schaderreger werden die aktuell einsetzbaren Pflanzenschutzmittel aufgelistet, über die weitergehende Details abgerufen werden können. In der Nutzung komfortabler und einfacher als die zuvor vorgestellte BVL-Datenbank.

Die Gesetzgebung zum Pflanzenschutz befindet sich derzeit in einem Umbruch. Bedingt durch die seitens der EU erlassene EU-Zulassungs-Verordnung und EU-Rahmenrichtlinie wurde auch für Deutschland zum Jahreswechsel 2011 / 2012 ein neues Pflanzenschutzgesetz verfasst. In Teilen wird dies Änderungen und Auswirkungen auch für den Einsatz von Pflanzenschutzmitteln im Hobbygarten zur Folge haben. Die genannten Internetseiten greifen die neuen Regelungen auf und halten Sie auch in Zukunft aktuell.

Hier bekommen Sie Helfer für Ihren Garten

ABITEP GmbH
Glienicker Weg 185
D-12489 Berlin
www.abitep.de

AMW Nützlinge
Ausserhalb 54
D-64319 Pfungstadt
www.amwnuetzlinge.de

Andermatt Biocontrol GmbH Deutschland
Stahlstr. 5
D-88339 Bad Waldsee
www.biocontrol.ch

BIOCARE GmbH
Dorfstr. 4
D-37574 Einbeck
www.biocare-web.de

Biofa AG
Rudolf-Diesel-Str. 2
D-72525 Münsingen
www.biofa-profi.de

bio-ferm GmbH
Technopark 1 B
A-3430 Tulln
www.bio-ferm.com

biohelp GmbH
Kapleigasse 16
A-1110 Wien
www.biohelp.at

Bioplant Naturverfahren GmbH
Carl-Benz-Str.4
D-78467 Konstanz
www.biplantol.de

Bio-Protect GmbH
Lohnerhofstr. 7
D-78467 Konstanz
www.bio-protect.de

ChiPro GmbH
Anne-Conway-Str. 9
D-28359 Bremen
www.chipro.de

e-nema GmbH
Klausdorfer Str. 28-36
D-24223 Schwentinental
www.e-nema.de

Intrachem Bio
Deutschland GmbH & Co KG
Carl-Zeiss-Str. 14-18
D-65520 Bad Camberg
www.intrachem-bio.de

Katz Biotech AG
An der Birkenpfuhlheide 10
D-15837 Baruth
www.katzbiotech.de

W. Neudorff GmbH KG
An der Mühle 3
D-31860 Emmerthal
www.neudorff-profi.de
www.neudorff.de

ÖRE Bio Protect GmbH
Neuwührener Weg 26
D-24223 Raisdorf
www.oere-bio-protect.de

Probis GmbH
Boschstr. 29
D-75446 Wiernsheim

Prophyta GmbH
Inselstr. 12
D-23999 Malchow / Poel
www.prophyta.de

Sautter & Stepper GmbH
Rosenstr. 19
D-72119 Ammerbuch
www.nuetzlinge.de

Temmen GmbH
Ankerstr. 74
D-65795 Hattersheim
www.temmen.de

TILCO Biochemie GmbH
Holländerkoppel 1a
D-23858 Reinfeld
www.tilco-biochemie.de

Trifolio-M GmbH
Dr.-Hans-Wilhelmi-Weg-1
D-35633 Lahnau
www.trifolio-m.de
www.neemazal.de

Pflanzenschutzstellen der Länder

Baden-Württemberg
Landwirtschaftliches
Technologiezentrum Augustenberg
Außenstelle Stuttgart
Reinsburgstr. 107
70197 Stuttgart
www.landwirtschaft-bw.info/servlet/PB/menu/1034631_l1/index1217323977829.html

Bayen
Bayerische Landesanstalt für Landwirtschaft
Institut für Pflanzenschutz
Lange Point 10
85354 Freising
www.lfl.bayern.de

Berlin
Pflanzenschutzamt Berlin – Amtliche Pflanzenbeschau –
Beusselstr. 44 N – Q
10553 Berlin
www.stadtentwicklung.berlin.de/pflanzen schutz/pflanzenschutzamt

Brandenburg
Landesamt für Ländliche Entwicklung, Landwirtschaft und Flurneuordnung (LELF)
Referat 35 Pflanzengesundheitskontrolle
Müllroser Chaussee 50
15236 Frankfurt (Oder)
www.luis-bb.de

Hamburg
Behörde für Wirtschaft, Verkehr und Innovation
Abt. Agrarwirtschaft
Pflanzengesundheitskontrolle
Indiastr. 3
20457 Hamburg
www.hamburg.de/service-pflanzenschutz

Hessen
Regierungspräsidium Gießen
Pflanzenschutzdienst Hessen
Schanzenfeldstr. 8
35578 Wetzlar
www.rp-giessen.hessen.de

Mecklenburg-Vorpommern
Landesamt für Landwirtschaft, Lebensmittelsicherheit und Fischerei Mecklenburg-Vorpommern
Abteilung Pflanzenschutzdienst; Dezernat Pflanzengesundheitskontrolle
Graf-Lippe-Str. 1
18059 Rostock
www.landwirtschaft-mv.de/cms2/LFA_prod/LFA/content/de/Startseite/index.jsp

Niedersachsen
Pflanzenschutzamt der Landwirtschaftskammer Niedersachsen
Standort Hannover:
Wunstorfer Landstr. 9
30453 Hannover
www.lwk-niedersachsen.de

Nordrhein-Westfalen
Pflanzen und Pflanzenerzeugnisse
Landwirtschaftskammer Nordrhein-Westfalen
Pflanzenschutzdienst
Siebengebirgsstr. 200
53229 Bonn
www.landwirtschaftskammer.de

Rheinland-Pfalz
Aufsichts- und Dienstleistungsdirektion
Willy-Brandt-Platz 3
54290 Trier
www.dlr.rlp.de

Saarland

Landwirtschaftskammer für das Saarland
Abt. Landbewirtschaftung – Pflanzenschutzdienst
Dillinger Str. 67
66822 Lebach
www.lwk-saarland.de

Sachsen

Sächsisches Landesamt für Umwelt, Landwirtschaft und Geologie
Abteilung 7 – Pflanzliche Erzeugung
Referat 75 – Pflanzengesundheit und Diagnose
Söbrigener Str. 3a
01326 Dresden-Pillnitz
www.landwirtschaft.sachsen.de/Landwirtschaft/index.html

Sachsen-Anhalt

Landesanstalt für Landwirtschaft, Forsten und Gartenbau (LLFG)
Dezernat Pflanzenschutz
Strenzfelder Allee 22
06406 Bernburg
www.llg-lsa.de

Schleswig-Holstein

Landwirtschaftskammer Schleswig-Holstein
Abt. Pflanzenbau, Pflanzenschutz
Ref. Pflanzengesundheit/Koordination
Am Kamp 15 – 17
24768 Rendsburg
http://lwksh.de/cms

Thüringen

Thüringer Landesanstalt für Landwirtschaft Jena
Abt. Pflanzenproduktion
Referat Pflanzenschutz
Kühnhäuser Str. 101
99189 Kühnhausen
www.thueringen.de/de/tll

Gartenakademien in Deutschland

Baden-Württemberg

Gartenakademie Baden-Württemberg e.V.
Diebsweg 2, 69123 Heidelberg
www.gartenakademie.info/themen/startseite.php

Bayern

Bayerische Landesanstalt für Weinbau und Gartenbau, Gartenakademie
97209 Veitshöchheim, An der Steige 15
www.lwg.bayern.de/gartenakademie/

Hessen

LLH – Hessische Gartenakademie
65366 Geisenheim, Brentanostraße 9
www.llh-hessen.de/gartenbau/freizeitgartenbau/hess-gartenakademie/index.php

Niedersachsen

Niedersächsische Gartenakademie
26160 Bad Zwischenahn, Hogen Kamp 51
www.lwk-niedersachsen.de/index.cfm/portal/gartenbau/nav/108/article/6952.html

Rheinland-Pfalz

Gartenakademie Rheinland-Pfalz im Dienstleistungszentrum Ländlicher Raum Rheinpfalz
67435 Neustadt, Breitenweg 71
www.gartenakademie.rlp.de

Saarland

Saarländische Gartenakademie, Landwirtschaftskammer für das Saarland
66822 Lebach, Dillinger Str. 67
www.lwk-saarland.de/32.0.html

Sachsen

Sächsisches Landesamt für Umwelt, Landwirtschaft und Geologie
Gartenbau – Gartenakademie
01326 Dresden-Pillnitz, Söbrigener Straße 3a
www.landwirtschaft.sachsen.de/landwirtschaft/4371.htm

Thüringen

GartenAkademie-Thüringen
9195 Erfurt-Stotternheim, Hinter der Mühle 19
www.gartenakademie-thueringen.de

Zum Weiterlesen

Allgemein

- aid infodienst (Hrsg.): Pflanzenschutz im Garten, aid, Bonn, Nr. 1162, 2007
- aid infodienst (Hrsg.): Biologischer Pflanzenschutz, aid, Bonn, Nr. 1030, 2010
- Böhmer, B. und W. Wohanka: Farbatlas Krankheiten und Schädlinge an Zierpflanzen, Obst und Gemüse, Verlag Eugen Ulmer, Stuttgart, 2008
- Greenwood, P. und A. Halstead: Schädlinge & Krankheiten: Pflanzenprobleme vermeiden, erkennen und erfolgreich bekämpfen. The Royal Horticultural Society, Dorling Kindersley Verlag, München, 2009
- Kühne, S. et al.: Biologischer Pflanzenschutz im Freiland: Pflanzengesundheit im Ökologischen Landbau. Verlag Eugen Ulmer, 2006
- Kreuter, M.L.: Der Biogarten: Das Original. Mit Pflanzenschutz-Kompass, BLV Buchverlag, 2009
- Lohrer, T.: Die 13 Gartenplagen, Verlag Eugen Ulmer, 2008
- Lohrer, T.: Marienkäfer, Glühwürmchen, Florfliege & Co. Pala Verlag, 2010
- Sächsische Landesanstalt für Landwirtschaft et al.: Sachgerechter Pflanzenschutz im Haus- und Kleingarten, 2007
- Schuster, T.: Quickfinder Pflanzenschutz, GU, 2007

Obst

- Van Frankenhuyzen, A. und H. Stigter: Schädliche und nützliche Insekten und Milben an Kern- und Steinobst, Verlag Eugen Ulmer, 2002
- Griegel, A.: Mein gesunder Obstgarten. Griegel Verlag, 2001
- Persen, U. et al.: Pflanzengesundheit im Obstbau, Österreichischer Agrarverlag, 2005

Gemüse

- Bedlan, G.: Gemüsekrankheiten, Österreichischer Agrarverlag, 1999
- Griegel, A.: Mein gesunder Gemüsegarten. Griegel Verlag, 2003
- Kahrer, A. und Gross, M.: Gemüseschädlinge, Österreichischer Agrarverlag, 2002

Hilfe aus dem Netz

Austausch mit anderen

Die aus dem Internet bekannten Diskussionsforen gibt es auch für gärtnerische Fragen, wobei hier oft auch eigene Foren zum Thema Pflanzenschutz angeboten werden. Häufig werden diese Foren von den bekannten Gartenzeitschriften angeboten. Sie erfreuen sich großer Beliebtheit und sind bei Problemen mit Pflanzen für viele eine wichtige Anlaufstelle. Nachfolgend einige bekannte Foren zu Garten- und Pflanzenschutzthemen.

- www.livingathome.de/foren
- www.mein-schoener-garten.de/jforum/forums/overview.page
- www.bb.haus.de/haus/viewforum.php?f=1
- www.krautundrueben.de/Forum/board.php
- www.grf-online.de/Forum
- www.gartenforum.de
- www.garten-community.de

Erfolgreiche Suche

Für die Nutzung von Suchmaschinen (wie etwa Google), finden Sie hier einige Tipps, mit denen Sie deutlich bessere Ergebnisse bei Ihrer Suche erzielen.

- Verwenden Sie als eingegebene Stichwörter nicht nur den deutschen Namen (z.B. Birnengitterrost), sondern auch den wissenschaftlichen Namen. Der Umfang an Seiten als auch die Qualität steigt, da „gute" Seiten auch stets die lateinische Bezeichnung auf ihren Seiten aufführen.
- Nutzen Sie gezielt die „Erweiterte Suche". Sie können hier beispielsweise die Sprache einstellen oder den Dateityp (nutzen Sie hier bevorzugt die Option pdf-Dokumente).

Auch können Sie auswählen, wo Ihr Suchbegriff auftreten soll, beispielsweise irgendwo auf der Seite, im Titel oder sogar in der Netzadresse selbst (letzteres erhöht die Treffer an informativen Seiten deutlich).

- Verwenden Sie gezielt die bei der „Bilder"-Suche auf der linken Seite mit aufgeführten Filterfunktionen. Einstellen lässt sich hier u.a. die Größe der Bilder oder auch die Farbe.
- Über die „Video"-Suche lassen sich zunehmend auch (kurze) Filme zu den unterschiedlichsten Schaderregern finden (versuchen Sie es einfach einmal mit „Dickmaulrüssler" als Suchbegriff).
- Mit Hilfe der Funktion „Mehr / Alert" erhalten Sie eine Mail, sobald Seiten ins Netz gestellt werden, die ein von Ihnen zuvor ausgewähltes Stichwort beinhalten. Insbesondere zu empfehlen, wenn Sie zu einem Thema laufend aktuell informiert werden wollen (vor einem längeren Urlaub nicht vergessen abzubestellen!). Für diesen Service müssen Sie sich jedoch (kostenlos) anmelden.

Garten-Podcasts

Ein Podcast ist ein Angebot von redaktionell gestalteten Audiodateien (als MP3-Datei bereitgestellt), die einzeln angehört und – da sie regelmäßig erscheinen – auch kostenlos abonniert werden können. Die jeweiligen Beiträge können am PC oder auch mobil auf einem MP3-Player angehört werden, beispielsweise auf dem Weg zum Einkaufen oder zur Arbeit. Auch zum Thema Garten und zum Pflanzenschutz werden Podcasts angeboten.

Zu finden sind diese am besten über die Nutzung von Podcast-Verzeichnissen wie www.podster.de oder auch www.podcast.de, die einfach nach dem Stichwort „Garten" durchsucht werden können und die ihre Treffer ähnlich einer Suchmaschine dann auflisten. Nachfolgend einige bekannte Podcasts zu Garten- und Pflanzenschutzthemen.

- Service Garten im WDR 5
- MDR 1 Radio Sachsen-Anhalt – Gartentipp
- Antenne Bayern – Gartentipp
- Der GartenCast der Bayerischen Gartenakademie
- Podcast – Pflanzenschutz im Gartenbau
- Radio Wien – Pflanzentipps
- MDR 1 Radio Sachsen – Gartensprechstunde
- Radio Gartenzwerg

Register

Dehner
Deine Natur.
www.dehner.de
107mal
in Deutschland und Österreich!
Gelbsticker
Gesunde Pflanzen im Garten
Mit der richtigen Pflege und dem Schutz vor Schädlingen ermöglichen Sie Ihren Pflanzen gesundes Wachstum.
Bei Dehner finden Sie ein umfangreiches Sortiment zur Verbeugung und Bekämpfung von Schädlingen – auch auf biologischer bzw. nachhaltiger Basis.
Wir beraten Sie gerne individuell und fachkompetent.
Dehner Newsletter abonnieren unter:
www.dehner.de
Dehner Deine Natur.

BIO
· ohne Wartezeit
· für viele Obst- und Gemüsepflanzen geeignet (siehe Etikett)
· Bekämpfung der Schädlinge in allen Stadien
· eiabtötende Wirkung
· mit Sofortwirkung
· geprüfte Wirksamkeit
· nicht bienengefährlich
· das ganze Jahr anwendbar
CELAFLOR
Naturen
BIO
Schädlingsfrei
Obst & Gemüse
Konzentrat
Gegen Spinnmilben, Blattläuse und andere Schädlinge an Obst & Gemüse
750 ml
Schädlingsfrei
Obst & Gemüse
Gegen Blattläuse und andere Schädlinge an Obst & Gemüse
Naturen Schädlingsfrei Obst & Gemüse Konzentrat
BVL-Zulassung (D): 033743-66; Pfl.Reg.Nr. (Öst.): 901498
Naturen Schädlingsfrei Obst & Gemüse
BVL-Zulassung (D): 024213-69; Pfl.Reg.Nr. (Öst.): 901497
* Pflanzenschutzmittel vorsichtig verwenden. Vor Verwendung stets Etikett und Produktinformationen lesen.
mit natürlichem Rapsöl
www.naturen-garten.de
www.naturen-garten.at
Naturen®

Bildquellen

fotolia.com / alessandrozocc: Titelbild, Seite 1
Bedlan, Gerhard, Wien: Seite 137ü., 164 (2x)
Brand, Thomas, Oldenburg: Seite 142 u., 161 u.
Epp, Paul, Stuttgart: Seite 79 o.
Faßmann, Natalie, Berlin: Seite 54 (2x), 57 o., 76 u., 117 u., 119 o.
fotolia.com / amskad: Klappe vorne 2
fotolia.com / Andrea Arnold: Seite 176
fotolia.com / Artem Solovev: Seite 8
fotolia.com / b.neeser: Seite 94
fotolia.com / Janet Thorpe: Klappe vorne 1
fotolia.com / Jedendva: Seite 3li., 18
fotolia.com / Whyona: Klappe hinten 1
Fotonatur.de / Holger Duty: Seite 17 o.
Fried, Arno, Bruchsal: U4 Mi., Seite 65 o.
Fritzsche, Martin, Marzling: Seite 160 u.
Gernoth, Hubertus, Offenburg: Seite 14 u., 15 (2x), 17 u., 23 (2x), 25 u., 36 u., 37 u., 45 o., 48 (2x), 51 o., 55 u., 61 (2x), 64 o., 69 o., 72 o., 77 u., 80 o., 87 (2x)
Grabenweger, Giselher, Wien: Seite 162 (2x)
Harzer, Uwe: Seite 45 u., 46 o.
Herrmann, Josef V., Bayerische Landesanstalt für Weinbau und Gartenbau, Veitshöchheim: Seite 91 o.
Hilfert, Gregor, Hamburg: Seite 10 u., 16 u., 39 (2x), 55 o., 69 u.
Hoyer, Christoph, Ahnatal: Seite 116 u.
Julius Kühn-Institut – Bundesforschungsinstitut für Kulturpflanzen: Seite 91 u., 92 o., 97 u., 101 (2x), 109 (2x), 110 u., 112 o., 114 u., 119 u., 123 u., 141 (2x), 143 (2x), 144 u., 150 u., 156 u., 158 o., 161 o., 163 u., 165 u., 168 (2x), 169 o., 173 u., 174 o., 175 o.
Kast, Walter K., Staatliche Lehr- und Versuchsanstalt für Wein- und Obstbau, Weinsberg: Seite 92 u.
Kokula, Isabelle, Malsch: Seite 155 u.
Kost, Werner, Reutlingen: Seite 102 u., 110 o., 117 o., 140 o., 144 o., 145 o., 146 u., 149 o., 150 o., 169 u., 170 (2x), 171 o., 174 u.
Kreiselmeier, Jochen, Ludwigshafen: Seite 137 u., 160 o.
Lohrer, Thomas, Helfenbrunn: Seite 12 u., 13 o., 16 o., 31 o., 25 o., 28 u., 32 o., 34 u., 35 o., 40 (2x), 42 (2x), 43 o., 46 u., 47 (2x), 53 u., 56 (2x), 58 u., 59 u., 60 (2x), 63 (2x), 64 u., 66 o., 67 u., 68 (2x), 70 (2x), 71 (2x), 73 u., 75 o., 78 u., 81 o., 82 (2x), 83 u., 85 o., 86 (2x), 88 o., 90 o., 96 (2x), 99 o., 100 (2x), 102 o., 107 o., 118 u., 124 o., 125 u., 128 (2x), 129 o., 133 (2x), 134 (2x), 138 u., 152 o.,
Lehmann, Manfred, Landesamt für ländliche Entwicklung, Cottbus: Seite 144.
Maring, Eveline: Seite 29 o., 79 u.
Noé López Gutiérrez, Landesanstalt für Landwirtschaft, Forsten und Gartenbau Sachsen-Anhalt: Seite 115 u., 116 o.
Reinhard, Hans: Klappe hinten 3
Riehl, Thomas, Obstbauseite Mainfranken, Estenfeld: Seite 2, 4, 24 (2x), 26 o., 41 o.
Schäfer, Bernd, Berlin: Seite 11 o., 21 (2x), 22 u., 27 o., 30 (2x), 31 u., 33 (2x), 36 o., 38 (2x), 44 (2x), 49 u., 50 (2x), 52 u., 58 o., 59 o., 62 o., 78 o., 80 u., 97 o., 106 o., 107 (2x), 126 (2x), 129 u., 130 (2x), 131 o., 138 o., 139 u., 151 (2x), 153 u., 154 (2x), 163 o., 166 (2x)
Schärer, HJ: Seite 148 u.
Schirra, Karl-Josef, DLR Rheinpfalz, Neustadt / Weinstraße: Seite 93 (2x)
Schrameyer, Klaus, Heilbronn: Seite 103 (2x), 106 u., 111 (2x), 112 u., 113 (2x), 120 (2x), 121 (2x), 122 (2x), 123 o., 127 (2x), 135 (2x), 136 o., 137 o., 140 u., 142 o., 145 u., 146 o., 147 (2x), 148 o., 149 u., 153 o., 155 o., 156 o., 157 (2x), 158 u., 165 o., 167 (2x), 171 u., 172 (2x), 173 o., 175 u.
Shutterstock / Payless Images: Seite 3re., 104
Thüringer Landesanstalt für Landwirtschaft, Jena: Seite 29 u., 41 u.
Veser, Jochen, Korntal-Münchingen: Seite 99 u.
Vietmeier, Andreas, Münster: U4 li., Seite 10 o., 13 u., 20 (2x), 22 o., 26 u., 27 u., 28 o., 32 u., 34 o., 35 u., 37 o., 43 u., 49 o., 51 u., 52 o., 53 o., 57 u., 62 u., 65 u., 66 u., 67 o., 72 u., 73 o., 74 (2x), 75 u., 76 o., 77 o., 81 u., 83 o., 85 u., 88 u., 89 (2x), 90 u., 98 (2x), 107 u., 124 u., 125 o., 131 u., 132 (2x), 136 u., 139 o., 152 u., 159 (2x)
Wagner, Wolfgang, Schwäbisch Gmünd: U4 re., Seite 84 (2x)
Wienberg, Jens, Oldenburg: Seite 114 o.
Wolff, Christian, Landesanstalt für Landwirtschaft, Forsten und Gartenbau Sachsen-Anhalt: Seite 115 o.
Zoonar / Angela Schwarz: Klappe hinten 4
Zoonar / D.Trapper: Klappe vorne 4
Zoonar / Emu: Klappe hinten 2
Zoonar / H Landshoeft: Seite 12 o.
Zoonar / Jürgen Vogt: Klappe vorne 3
Zoonar / Richard Kittenberger: Seite 14 o.

Impressum

Die in diesem Buch enthaltenen Empfehlungen und Angaben sind vom Autor mit größter Sorgfalt zusammengestellt und geprüft worden. Eine Garantie für die Richtigkeit der Angaben kann aber nicht gegeben werden. Autor und Verlag übernehmen keinerlei Haftung für Schäden und Unfälle.

Bibliografische Information der Deutschen Nationalbibliothek
Die Deutsche Nationalbibliothek verzeichnet diese Publikation in der Deutschen Nationalbibliografie; detaillierte bibliografische Daten sind im Internet über http://dnb.d-nb.de abrufbar.

Wollgrasweg 41, 70599 Stuttgart (Hohenheim)
E-Mail: info@ulmer.de
Internet: www.ulmer.de
Lektorat: Bärbel Oftring, Doris Kowalzik
Umschlagentwurf & Satz: www.summerer-thiele.de
Druck und Bindung: Neografia a. s., Martin
Printed in Slovakia

ISBN 978-3-8001-7675-5